各國課程比較研究

Curriculum: A Comparative Perspective

Brian Holmes ﹠ Martin McLean 著

李奉儒 校閱

張文軍 譯

The Curriculum
A comparative Perspective

~First Edition~

Brian Holmes

Martin McLean

Copyright © 1989 by **Brian Holmes and Martin McLean**

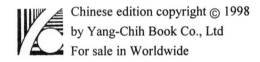 Chinese edition copyright © 1998
by Yang-Chih Book Co., Ltd
For sale in Worldwide

ISBN:957-8637-69-1

比較教育叢書總序

　　比較是一種普遍的心靈活動，任何具有進步意識的人，或多或少都會今與昔比，己與彼比，以為自己在時空交織而成的歷史情境中，找尋合宜的安身立命之所。今與昔比事實上就構成了歷史層面的比較，己與彼比包括的不只是人與人之間的比較，也擴及於地區之間、國家之間，甚至於文化之間的比較。就歷史層面之比較而言，孔子從「周因於殷禮，殷因於夏禮」而推論出「其後百世可知也」，可以說是從歷史比較中，推演出人類典章制度之發展法則。就空間之比較而言，春秋時代吳公子季札從各國音樂風格之不同，而評析各國政教得失，可以說是不同文化風格之比較。

　　比較雖為普遍的人類心靈活動，不過把比較提昇到科學方法層次卻是十八世紀末葉的事。十八世紀以降，承襲啟蒙運動探索可靠科學知識之訴求，各種學術研究領域也有導向科學化的要求。比較被認為是建立客觀有效科學知識的方法，解剖學、語言學、法學與宗教學等均曾試圖以比較方法來建立其本身的科學知識體系。教育研究也在這

種學術氣氛下，將比較提昇到科學方法層次，試圖透過比較來建立嚴謹的教育科學。比較教育之父朱利安（Marc-Antoine Jullien de Paris, 1775～1848）在1816～1817年刊行的「關於比較教育工作的計畫以及初步意見」（Esquisse et vues préliminaires d'un ouvrage sur l'éducation comparée）中就指出：「比較解剖學已經促進了解剖學的進展，同樣的比較教育研究也可提供新方法，以導使教育科學趨於完美。」比較方法之運用即在於導引出真正的法則，使得教育能夠建立成為實證科學。

一旦真正教育發展法則確立，朱利安認為便可據以為進行本國教育改革之參照。十九世紀的重要比較教育學者例如，法國的庫辛（Victor Cousin）、英國的安諾德（Matthew Arnold）與美國的曼思（Horace Mann）等咸認稍作修正而移植他國的制度是可能的，因為其基本信念以為教育通則既適用於各個民族與國家，其他國家的教育改革經驗亦因而可以運用於本國的教育改革。

1900年英國薩德勒（Michael Sadler）首先質疑教育制度移植的可能性，他認為學校之外的事務較之學校之內的事務來得重要，學校之外的事務主宰並詮釋學校之內的事務。質言之，教育制度植根於民族文化，不可能作橫的移植。自是而後，比較教育開展了教育的民族性、因素分析、文化形式、影響因素以及動力等的研究，1930年代以迄於1960年代的比較教育大家，例如康德爾（I. L. Kandel）、韓斯（N. Hans）、許耐德（F. Schneider）和馬霖森（V. Mallinson）等均進一步的開展薩德勒的基本

觀點，透過比較研究探討教育現象與社會及文化現象之間的基本關係。

對於教育制度與社會文化之間基本關係之探討，1960年代以降比較教育中的實徵論者嘗試以自然科學中的因果法則來加以分析。尤有甚者，過去以國家教育制度為主要分析單位，徹底的實徵論者將制度肢解為「變項」（variables）來處理。這種論述的方式，也遭致詮釋學、批判理論、現象學、俗民方法論等研究取向之批判。這些論爭的背後，隱含著一個比較教育的一個危機——比較教育在學術體系中地位不明確，無法確立自己本身的學科認同（disciplinary identity）。

不管比較教育研究的理論與方法有多紛歧，比較教育從朱利安以迄於當代的主要理論，均有一種改良主義的企圖。比較教育研究雖有建立解釋教育發展之理論知識之意圖，然最終終將研究成果轉而為教育改革的政策。晚近世界各國教育改革均極重視比較教育研究，試圖借助於比較教育研究的成果，來釐定高瞻遠矚，而又具體可行之教育改革政策。

本叢書的編纂主要針對比較教育兩個發展主軸：理論知識的建構與教育決策的形成。本叢書的理論系列部分將以深入淺出的文字對比較教育中的重要理論，加以闡釋，使讀者對於比較教育這門學科的發展有通盤的了解。另外，本叢書也將對世界主要國家的最新教育發展動態，進行分析，使讀者能夠掌握世界性的教育改革動態，而認清我國當前教育改革之定位。因此，本叢書不僅可以提供專

門研習教育者作爲基本讀物，對於關心我國教育改革前途
者亦極具參考價值。

楊深坑　謹識
1998年11月

目　錄

前　言

　　本書爲那些想了解學校應該教什麼的讀者而著。從聯合國的創始人宣佈教育是人類不可剝奪的權利開始，許多政府都企圖推行普及初等教育，爲人人提供中等教育，並爲大多數人提供高等教育。1945年後，許多國家實行了義務教育並延長了義務教育年限。學齡兒童人數不斷增加，資金投入在逐步上升。因此，當這些國家的政府被問及「誰應該受教育？」的問題時，它們不會說自己會放棄「使人人受教育」的政策。

　　實際上，多年以來這些政府總是說服納稅人，使他們相信「免費」（free）教育是一種能提高生活水平、維護和平與增進民主的投資。這種不合理的期望於1945年在倫敦由「聯合國教科文組織」（Unesco）的創始人所提出來的。他們要求教師們去消除作爲貧窮、戰爭和極權的起源的文盲現象。接著，在發展中國家興起了一系列國際性的和全國性的掃盲運動，但最終未能成功。教育投資並未能縮小貧窮的南部國家與富裕的北部國家的差距。地區戰爭有增無減。人們懷疑學校中的和平教育是否眞的能夠阻

止這些戰爭。教師在實現不切合實際的教育目標方面的失敗，使教育作為社會的萬應靈藥的思想受到了廣泛的批評。

科學知識的大爆炸及其應用，改變了工業、商業、交通和信息交流系統，使教師的任務更為艱巨了。這些變化促進了從農村到城市、從一個國家到另一個國家的人口流動。為了維護其信譽，教師們不能再靠只教他們自己在學校或大學裡學到的東西，僅僅傳授他們所在的狹小社區中所積累的知識。如果教師們不熟悉職業世界、國際問題和多元文化大都市中所發生的緊張關係，他們就不能為年輕人進入成年生活作好充分準備。

這種情況下，如果教師們想成功地面對未來，那麼，「什麼知識最有價值？」（What knowledge is of most worth?）問題就是個關鍵問題了。然而，對於1945年後社會經濟與政治的變化和教師們不願接受新的教育問題，在不同國家的教育體制中表現不同。針對這些問題所制定的課程也視關於人、社會和知識的民族主義理論中所表現出來的精神氣質而定。本書的個案研究基於這樣的理論假設世界上四種主要的課程理論起源於歐洲。最早的基於柏拉圖（Plato）、亞里斯多德（Aristotle）的假設的課程模式，受到天主教會的推崇，但遭到夸美紐斯（Comenius）的挑戰。夸美紐斯的課程觀則從法國傳播出去，支配了除英國外的整個歐洲的課程。馬克思（Karl Marx）提出的一些觀點促使第三種歐洲課程模式產生。十九世紀末，約翰·杜威（John Dewey）為適應美國社會變化的需要，又

創立了一種課程理論。

　　一些歐美課程實踐自由地結合到了在世界其它地區湧現的教育體制中去。另一方面，帝國主義者則將歐洲課程移植到他們的殖民地，並作了一些改動以適應當地人有關「有價值的知識」的信仰。本書的分析所依據的理論假設是：教師們有關個人能力、公正美好社會的特徵以及知識的本質等方面的根深蒂固的信念，加大了課程變革的難度並減慢了變革速度。本書的第一部份以四個具有本土根基的歐洲課程模式的國家為例，分析了這些困難。本書的第二部份透過對一些國家和地區的個案研究，考查了與課程模式的移植有關的困難。這些個案分析將有助於教師、學生和行政管理人員更好地理解課程改革的必要性及其難度。

　　本書的第一稿完成以後，1988年英格蘭和威爾斯頒佈了新的重大的教育法，同年，在日本發表了有關教育狀況的重要評論報告。這些試圖改善教育的努力的後果還未見分曉。兩項改革方案都已被提及，但還未有人試圖預測會隨之而來的課程變革。在這兩個國家裡，即使是激進的教師也難以拋棄根深蒂固的信仰和行為習慣。

　　本書的兩位作者都是比較教育工作者。在撰寫本書的過程中，他們緊密合作但也不免從不同角度來看問題。霍姆斯（B. Holmes）教授以前是物理學家，麥克萊恩（M. McLean）博士是歷史學家。在撰寫本書的過程中，他們並未試圖合寫每一章，而是兩人各自在闡明「什麼人應該受教育？」和「什麼知識最有價值？」這兩個問題的框架結

構中完成獨立的章節。在每個案例中，都分析了1945年後
教育政策的變化。

　　麥克萊恩博士主要負責撰寫第六章（教育移植）、第
二章（英格蘭和威爾斯）、第三章（法國）、第七章（印
度）和第八章（拉丁美洲）。霍姆斯教授撰寫了第一章
（課程模式）、第四章（美國）、第五章（蘇聯）和第十
章（中國），並在日本早稻田大學作日本科學發展協會的
訪問學者時完成了第九章（日本）。爲了便於比較，每一
章的結構大致相似但並不相同。對每一個案研究的描述都
受1945年後各教育體系發展方式的影響。

布賴恩・霍姆斯（Brian Holmes）

馬丁・麥克萊恩（Martin McLean）

1 課程理論

　　「什麼知識最有價值？」——從比較角度和歷史角度來考察，所有課程理論都基於對該問題的答案。事實上，無論是公開聲明還是暗中默許，牧師和教師們所給出的對該問題的答案都決定著學校教育內容。他們在為公眾服務的時候也只選擇他們認為有價值的知識傳給下一代。當然，對知識的界定限定了哪些人類所積累的資訊可稱為「知識」。不管是宗教教師還是世俗教師都自己決定應該教什麼。在他們比其他社會成員和他們的學生佔有更多的學校知識的情況下，他們有權決定如何傳授這些知識。教師在決定教什麼和怎樣教方面的權力至今還未受到嚴峻的挑戰。

　　直到最近，在教師們的任務轉變成為使公眾滿意而傳授知識的情況下，教師才不再享有決定誰應該受教育的權力。歐洲及其他設立了歐式大學的地方，教師們決定在教什麼、怎樣教和教什麼人方面的權力，在大學教師們所享有的自主權和自由度上得到了最佳體現。伴隨這些權力而來的是相應的責任，教師的職業權威一般來說取決於他們

是否願意進行公眾同意的且自我設定倫理信條的教育；他們的專業技能基礎；以及經過長期訓練所獲得的知識。

　　教師的專業權威曾經被有關男性和女性天性的心理學理論，以及有關社會本性的英才理論所證立。當這些理論受到政治上的挑戰時，教師在組織和控制學校教育方面的中心地位才受到了嚴重質疑。1945年後，對教師的地位影響最大的，且廣為流傳的是教育必須作為人的基本權利向所有人開放的觀念。例如，1944年，英國的政治家們通過了1944教育法，規定教育必須根據其「年齡、性向和能力」（age, aptitude and ability），向所有兒童和年輕人開放。國際上對這種高度的期望也給予支持，1945年成立的聯合國在1948年大會上宣讀的「國際人權宣言」（the Universal Declaration of Human Rights）中就採納了這一觀點。宣言第26條規定「受教育的權利」是所有人的權利之一。實際上，這一宣言與十八世紀法國和美國的改革家們的論斷相比並無多少進步，他們認為初等教育應普及免費，而中等教育則應向那些能從中受益的人開放。十八世紀後，有關人和社會的理論發生了變化，而宣言則促進了對廣泛提供各級教育的機會的要求。教師們在「誰應該受教育？」方面的決定權也相應地被政治家奪走了。

　　第二次爆炸——科學知識及其應用的大爆炸，使從不斷增長的人類智慧和知識中選擇有價值的內容的任務變得尤為艱巨。逐漸明顯的是，不管如何界定知識，都不再可能將現存體制中的所有知識都傳授給下一代。教師們面臨著嚴峻的抉擇。他們必須在傳統知識形式和科學革命產生

的「新」知識中作出選擇，而傳統知識曾經爲經過選拔的學生提供令人滿意的普通教育。而且，這一選擇還面臨著重新界定知識所帶來的問題。傳統上對抽象知識、理論知識和實踐知識的嚴格區分正在消解，新出現的課程理論認爲有關「知識形式」（forms of knowledge）的傳統分類是錯誤的。當然並不是所有教師都已被這些新理論說服。

戰後使教師地位發生改變的第三個因素主要是教育是社會疾病的萬應藥這一廣爲人接受的觀點。與蘇聯教育家相對抗的美國人尤爲推崇這一觀點。在1945至1946年倫敦聯合國教科文組織大會的討論中，創始者們表達了這些美國式觀點。教育家和科學家們闡明了教師的職能不應僅限於傳授知識的觀點。他們普遍認爲，教育能夠透過普及知識來提高生活水平、增進民主並且維護世界和平。這些早期會議對「基礎教育」（fundamental education）概念的討論淡化了歷史上對教育和訓練的嚴格區分，並提出教師在社會服務中的作用應該是多方面的。

由於這些事件，教師的職能變得不那麼清晰了。以前，教師必須使他們的中學畢業生勝任大學學習從而滿足大學教師的要求。現在，爲了促進國家經濟成長，要求他們針對複雜的經濟狀況下各種職業的需要來培養學生。教師在面對傳統權威型式逐漸崩潰的城市社會和多元文化社會時，被賦予教導道德的、社會的以及有時候政治的價值。同時，他們還負有推進社會流動、制止吸毒等現象和緩和家庭矛盾的責任。要使教師同時完成這些多樣的任務，就

必須對「什麼知識最有價值？」問題作出與以往完全不同的回答。

　　許多國家特別是美國和英國的教師培訓計劃及其代言人，都認為許多教師已準備將這些任務當作他們在公共服務系統中所擔負的法律義務的一部份。英美師資訓練中注重心理學和社會學課程的現象，表明了教師對兒童的了解必須比家長多，對社會的了解必須比工業家和政治家多的觀點。很明顯，並不是每一個教師都能夠了解這些領域中的深奧知識——這些知識遠遠超出了許多其他成年人所能掌握的知識的範圍，因此，他們在選擇和傳授社會科學知識方面的權威受到了質疑。這樣，在教師們試圖做更多的事而不僅限於傳授知識，聲明他們必須而且能夠改善社會之時，他們的傳統地位受到了侵蝕，並且他們的自主權和自由權也受到了傷害。

　　二次大戰後嬰兒死亡率的降低和出生率的增長，使教師接受這些新職責的社會環境很快發生了變化。50年代初，小學首先經歷了戰後嬰兒遽增的結果。50年代末，人們期望迅速擴大中等教育規模以容納所有青少年。60年代，包括大學在內的高等教育機構必須不僅滿足中學畢業生的高度需要，還要滿足那些父母未上過大學的青年男女接受中學後教育的需要。政府對人口爆炸的反應是擴大中小學和大學的數量和規模。沒幾個教育家會同意，因人口增長，師生比例就可以減小。實際上，許多國家都認為班級人數減少有助於提高教學質量，而進行這方面的努力。這種論斷的可信度值得懷疑，但師資訓練體系盡可能快速

地擴展以滿足對教師的需求的增長。

　　爲了對教育是人類的基本權利這一高要求作出反應，許多政府更注重重組中等教育體系的結構而不是教育內容。根據綜合化原則重組中等教育的運動得到了大多數歐洲國家的左翼政治家們的推行或支持。日本政府在美國的壓力下擴大了義務教育的年限並重組了學校教育體制。許多教師支持這一運動，確信在學校教育的任何階段實行教育機會均等有助於實現教育是所有人的基本權利的理想。事實表明，他們過於樂觀地接受了在實施平等化方面結構比內容更重要的觀點。

　　中等教育的重組和擴展，無疑地延遲教師、社會科學家和政治家們對課程改革的興趣。同時，由於各種各樣的原因，許多教師拒絕改變學校教育的內容，因爲他們藉由對學生進行品質和傳統道德的訓練，而把自己看作是傳統知識的衛士。這種拒絕改革的態度基於教師們長期積累的對最有價值的知識的看法。爲澄清和分析教師的拒絕態度，我們很有必要回顧一下歷史上對該問題的各種解答。我們還將簡要地討論一些對現今的爭論仍然有影響的宗教或世俗的觀點。

作爲傳統知識捍衛者的教師

　　歷史上對「什麼知識最有價值」的回答有很多種，並不是每一種都與現時的課程爭論有關。那些對古代社會的文明化起促進作用的回答與現時的爭論有關。它們導致了

許多我們現在才意識到的文化差異。它們有助於解釋教師反對課程改革的原因，也有助於預測將一個國家的課程模式移植到另一個國家時所面臨的困難。

從這個角度看，大多數由來已久的答案具有幾個共同的特徵。它們都是透過各種方式永久地記錄下來，使知識不再依賴口述或教師的存在。在世界各種主要文化中，書本中記載了被認為是有價值的知識。最後，在各種情況下，這些答案及其記錄成為建立強有力的政治機構的基礎。

例如，中國古代強調人倫關係的儒家著作，就是中國古代學生的教材和科舉考試的內容，在考試中獲得好成績的學生被選為文官。這種考試決定了中國幾個世紀以來的教學內容和方法。雖然1905年取消了科舉制度，它的影響在中華人民共和國、台灣、香港和其他任何中國人開辦的學校中都很明顯。除了考試中知識的本身價值以外，擁有這些知識還有能帶來地位權力等實用價值。在中國，儒家學說具有和歐洲宗教文本相當的地位。中國的考試制度促進了作為最民主的文官選拔制度的競爭性考試制度的發展。

在印度，婆羅門教徒們維護了印度傳統，他們吸引了年輕學者們一起學習宗教性印度課本──三卷梵文讚美詩（後來發展到四卷）。這些人在學習宗教課文的同時，也學習醫學、心理學、生理學、占星術和哲學主系。因此，古印度的教育內容是為未來領袖全方位教育而設計的。也正因為此，雖然薩帝利貴族掌握國家的政權，作為宗教教師的婆羅門在印度人中的地位是最高的。而且，雖然現代

印度是世俗的國家，信仰衝突依然會導致政治衝突。

在伊斯蘭國家內部和國家之間的宗派分歧會導致國家內和國家之間的敏感和衝突。在這些國家中，甚至直到現在還是由宗教人士掌握權力。古蘭經是所有知識的來源。穆罕默德死後，依據傳統而進行的實踐被看作只不過是對古蘭經的補充和闡釋。即使現在，什葉派穆斯林還是認為永遠正確的伊斯蘭教祭師（imam）掌握著古蘭經的內在含義，這種傳統被普遍接受。雖然穆斯林們的觀點有著學理上的差異，但對他們來說，有價值的知識都一樣是指導行動的實踐性律令和對真主的神聖理解的結合。傳統教學的核心由神學、法學以及起輔助作用的阿拉伯語組成。目前，一些傑出的伊斯蘭學者還試圖將古蘭經中的知識與西方科學技術結合起來。同時，有眾多穆斯林學生的學校在社會壓力下必須保證維持其宗教性精神風貌。

在長達好幾個世紀的時間裡，歐洲的牧師不僅決定教育內容和教育對象，而且擔任國王和王子的顧問。西歐基督徒的教育內容取自聖經，猶太教則取自猶太教法典。對於基督徒來說，聖經是道德規範的源泉和教會法規的基礎。對於猶太教徒來說，猶太教法規是日常生活的組成部份，其信徒與基督徒之間的宗派差別導致有關學校風氣和學校教育內容的態度分歧和政治衝突，這些分歧和衝突至今還未消除。直到現在，一些猶太教學校還將其教義作為教育內容。

歐洲的學校課程與根據印度教、穆斯林教和佛教建立起來的課程的區別在於，歐洲學校課程早期源於古希臘經

典的世俗性知識和對這些知識的非宗教性證立。三種最有影響的課程理論和與此相關的認知論、心理學、政治／社會學理論都可追溯到古希臘文獻，第四種主要理論——綜合技術主義課程理論——它在蘇聯興起，主要探討如何傳授知識問題，而不是回答什麼知識最有價值的問題。

選擇這四種歐洲模式作為分析框架並不僅僅是我族中心主義的。不管是歐洲的商人、使節團、士兵在其他國家建立學校；還是其他國家的教育家們在慎重地借鑑歐洲模式或借鑑聯合國、日內瓦國際教育研究局、世界經濟合作與發展組織和拉丁美洲、亞洲及非洲的區域性機構的意見，來建立他們自己的學校體系之時；都會討論到歐洲有關「什麼知識最有價值？」和「誰應該受教育？」這兩個問題的答案。

面對各級教育增長的期望，科學知識及其運用的發展，教育家們願意擔負新的社會責任，但他們所做的僅僅是採用新的課程模式：要素主義和百科全書主義是十七世紀前開始採用的，而實用主義課程和綜合技術主義課程則是十九世紀末、二十世紀初產生的。在許多情況下，尤其是戰後人口爆炸後，傳統的課程模式被用於解決新「問題」。很少有國家自覺採用全新的課程模式，大部份只實行多數教師所熟悉的模式。即使在實施新模式的國家，由於政治和心理等原因，教師也不願意採用新模式。本書將在下文中討論其中的一些具體困難。

四種主要的課程理論

　　在歐洲，實際上是在全世界範圍內，與課程理論之基礎——知識理論的變革相比，政治理論的變革已被人們更廣泛更欣然地接受。由於政治理論的變革在這種程度上，心理學理論的變革在稍低程度上，都已經影響到國家教育系統的許多方面，傳統認識論的延續導致了規範的不一致性以及課程改革在整個教育系統大變革中的落後現象。在柏拉圖和亞里斯多德著作中有關政治、心理和認知論的理論典範（paradigm）中，這種「問題」引起的變革能得到最好的分析說明。同時，還必須注意到這樣一種事實：在古希臘文獻中，柏拉圖之前的以及與柏拉圖同時代的一些人的理論，直到今天仍擁有支持者。德謨克利特（Democritus）有關自然界的思想主張與許多現代物理學家所持的觀點有著驚人的相似。伯里克利（Pericles）關於「所有的人都具有公德」的政治理論，成為十八世紀法國、美國的革命家分別進行推翻本國和外國統治者的革命並建立民主政治的首要理由。因而，可以從與柏拉圖《理想國》（*Republic*）中已出現的要素主義（essentialism）課程理論萌芽的典範相對照入手，鑒別並澄清課程理論隨後的發展狀況。

要素主義

　　在柏拉圖的《理想國》中，人們對教師所履行的社會

職責的要求，基本上是政治性的。在這種模式中，教育的目的是維持一個以穩定爲主要特徵的公正的社會。政治領導人由哲學王或軍人來擔任，附屬人員必須輔助他們，勞動者必須滿足於從事某種具體的職業。社會和政治的變革是與良好的政治統治格格不入的。把不適合擔任領導職務的勞動者提昇到領導者的位置上，將會對社會造成巨大損害。

這種英才政治模式的合理性是以一種個別差異 (individual differences) 理論爲支柱的。這種理論現在在政治上是不可能被接受的，但它在許多教育思想中仍起著支配作用。柏拉圖個別差異理論的核心是這樣一種觀點：即男人與女人之間存在著智力上的差異，而男人之間的不平等只是一種簡單的生物學上的事實。人們的遺傳素質決定了適合他們的社會職責。一般而言，聰明的父母，孩子也較聰明；較愚笨的父母，孩子也較愚笨。制定教育政策時必須充分考慮這些事實，即藉由教育把有潛力成爲軍人的人培養成軍人，把勞動者的兒子仍作爲勞動者進行訓練。但也要注意做好各項工作以確保極少數在此規律外的優秀者能夠從他自身所處的階段地位中提昇上來。柏拉圖關於先天個別差異的理論是爲其英才統治的政治制度、由階級構成的社會及以選擇性爲特徵的教育制度作辯護的。到1940年之前，柏拉圖有關政治上公平社會的理論在大多數工業化國家中，已經失去了其存在的市場，僵化的社會階級結構也正在遭受攻擊。但是，歐洲的許多教育家仍然信奉：先天的智慧能力對兒童個體的可教育程度起著決定性的影

響作用。

　　柏拉圖唯一的興趣在於對未來政治領導者的培養和教育。他的學習心理學與他的個別差異理論相輔相成。他把靈魂分爲三個部份：理智、精力和動物本能，並分別爲軍人、輔助者、勞動者所擁有。教育應當培養軍人的理智，訓練應發展與勞動者相適應的動物本能。如今，即使是最保守的教師，也不會公然表示支持這種被赤裸裸地加以宣稱的觀點。教育在培養人的理智、才能、識別眞理、愛美向善等素質方面的重要性，在當今的教育論爭中仍占有一席之地。柏拉圖的這兩個理論在其政治和社會學理論早已被淘汰的情況下仍得到後人頗多的支持。

　　柏拉圖在教育目的上的主要成就是他關於知識的一般理論。亞里斯多德繼承了柏拉圖的這一理論，並清楚地說明了如何運用歸納法或邏輯演繹法來獲取知識。然而，對所有的希臘人來說，在不斷變化的經驗中，只有那些永恆的東西才是可知的。唯物主義論者認爲原子具有永恆性；唯心主義論者認爲超越宇宙、超越物質世界的或存在於個體自身內部固有的觀念才是永恆的，因而也才是可知的。對柏拉圖來說，抽象的美是可知的，而具體事物是不具有美的特徵的，因爲純粹的理念在現實中只有部份得以體現，並且在變化中日益缺損。可觸、可嗅、可見、可聽的東西都只是現象而不是知識。這種知識觀在人們論辯自然科學和人文科學兩者，究竟何者對於未來社會統治者的教育較爲有利時，具有重要地位。它將未來勞動者的職業訓練排除在教育領域之外。

柏拉圖所提出的培養軍人的課程統治歐洲的課程實務達幾百年之久。簡單地說：音樂和體育構成了教育的主要內容。學習音樂，實際上意味著學習與高層次文化密切相聯繫的各種事物。透過算術、幾何、天文，以及和聲的學習能發展人的理智，並能發展對永恆之物的觀察和想像能力。數學方面這種非實用性的教學目的，已經成為除英國之外的歐洲國家英才教育的一個重要特徵。這也許是使教師們認為只有符合數學邏輯標準的課程才能在學校裡教授的原因之所在。因此，要素主義課程由幾門經過精心選擇的學科組成，這些學科的內在邏輯和一貫性是不言而喻的。它們按照邏輯順序依次呈現，為學習者提供社會統治者所必須的智力技能和道德品性的訓練。

　　與上述理論相一致，「七藝」（the Seven Liberal Arts）課程在中世紀的教育內容中占據了統治地位。「四藝」課程——音樂、天文、幾何、算術——構成了正統的普通教育；「三藝」學科——語法、修辭、邏輯或哲學——為學習必要的知識提供方法。「七藝」課程崇高地位的確立，很大程度上應歸功於羅馬天主教會幾個主要人物——尤其是阿奎那（Aquinas）的支持。也許人們會說，是基督教會的力量將世俗的知識編入歐洲課程的，並有可能引用柏拉圖和亞里斯多德的理論來論證這個結論的合理性。

　　實際上，只是在教會的勢力受到嚴重挑戰之後，與要素主義課程論相抗衡的其它課程理論才開始出現。十七世紀期間，伽利略及其他自然科學家所遭受的迫害反映了教

會對科學知識自由發展的態度。然而，政治氣候的變化足以使新教的教育家們對什麼知識最有價值的，總是做出嶄新的回答。值得一提的是遊歷廣泛的著名捷克教育家夸美紐斯，他提出了與要素主義課程相對立的課程理論——百科全書主義（Encyclopaedism）課程理論。他的課程理論對歐洲大陸各國的課程產生了深遠的影響。

百科全書主義

百科全書主義課程論是以教育內容應該包括人類所有知識為前提而建立起來的。夸美紐斯在批判地指出教育制度未能遵循自然的基礎上提出了這一課程理論。他的普遍學習理論基於對大自然的觀察和對自然規律的反思。夸美紐斯認為：學習始於感覺，因而他所設計的課程，其首要目標是發展各種感覺。他的這一主張論證了學生應首先從「大自然的書」（book of nature）中學習，而不是從課本中學習的觀點。在百科全書式的課程中，關於事物的知識和言語學習應是同步進行的。

夸美紐斯主張孩子們應先在方言學校（vernacular schools）學習運用母語，接受合乎語法規範的讀寫訓練，以更好地學習事物。他們應該學習如何去做加減法、如何去稱量、如何唱聖歌及背誦讚美詩。道德價值觀、經濟學、政治學、世界歷史、地球的位置及其構成、行量與恆星的運動、物理學、地理學以及有關藝術的一般知識、手工操作等均應包括在綜合性課程之中。

這種截然不同的課程方案在十八世紀末法國革命政府

的教育計畫中得以充分體現。它們是為法國政治和社會制度的轉軌而制定的一系列政策模式中的組成部份。在所有這些課程方案中，最值得注意的或許是對伯里克利所表達的某些思想觀點的重申。他的理論作為新的課程典範的重要基礎，受到孔多塞（Condorcet）的贊同。這一理論認為，既然所有的人都有能力發展理智、形成道德觀念，那麼，由此可推導出：不應該將人嚴格地區分為統治者和被統治者。根據伯里克利關於所有的人均有理智與公德的觀點，一個民主社會中的公民，即使不能參與制定政策，也應能夠將他們的意見和看法反應給他們的統治者。孔多塞主張，一個國家學校系統，其首要的政治任務是明確所有公民的權利，並使他們充分意識到自己的道德責任和義務；其次就是選拔、教育有天賦才華的貴族子弟以培養國家的領導人員。

他們所設計的課程包括：算術、古典語、現代語、自然科學和生物學、地理、美術及機械制圖等。貫穿於整個十九世紀始末，隨拿破崙建立國家教育制度之後而實行的包括十多門必修課在內的課程，代表著以為年輕人將來擔任國家領導職務做準備為首要任務的中等學校的教育內容。這種模式在除英國之外的整個歐洲大陸廣為傳播。因為，英國雖然已建立了完備的民主政治制度，但為了滿足國家對商務人員、政界政治者和行政官員的需求，中等學校中仍然保留了專業化的課程。

由於百科全書課程模式至今仍存在於整個歐洲大陸各國的國家教育制度中，各國特有的關於知識的本質及如何

獲取知識的不同理論等，就使得比較和對比法國、西班牙、意大利、德國、波蘭、斯堪的納維亞國家及蘇聯等國家學校中普遍性知識的呈現方式成為可能。直到現今，所有學術性較強的科學仍包含在上述各國學校的課程之中。然而，必須區分的是，笛卡爾（Descartes）對認識論的假定，對法國課程的影響作用是顯而易見的，而像黑格爾（Hegel）等哲學家關於知識獲取方式的理論則對其他歐洲國家產生了影響。笛卡爾理論的核心基於他的名言「我思故我在」（"I think. Therefore I am."）提倡藉由智慧的、理性的方法去獲取知識。這種方法在法國教師花費大量時間批判性地分析書面課文的過程中得以體現。

綜合技術主義

蘇聯的教育家根據列寧（Lenin）關於整個人類社會經濟和歷史的經驗都應包含在學校課程中的主張，提出了與法國對知識的探究明顯不同的綜合技術主義（Polytechnicalism）課程論。在這方面，他們與西歐一些教育家的觀點基本一致。馬克思在對歐文（Robert Owen）於十九世紀初在蘇格蘭新拉納克（Lanarkshire）所開辦的工廠學校做評說時，最早提出以綜合技術教育作為一種課程理論。這種理論確立的基本前提是：教育內容應與社會生產、生活緊密聯繫。馬克思的政治理論已經被人們廣為接受，他對如何處理知識的論述雖極少，卻毫無疑問地給了社會主義國家以證據去與資產階級論說：學校教育應盡量接近社會生產生活，而這些恰恰正是被資產階級教育制度

所排斥的。在如柏拉圖所主張的階級制度仍決定著個體的態度和意識的情況下，這種理論是行不通的。綜合技術主義課程的政治目的，就是要使那些從生產資料私人占有制生產方式的剝削中解放出來的工人，能夠消除頭腦中殘存的資本主義社會的錯誤思想和意識。

設計綜合技術課程，是為了培養優秀的共產主義者，以使其成為最堅定的社會成員，在由資本主義經社會主義而達到共產主義的必然的社會歷史進程中擔任起領導者的職務。教學必須考慮這樣的事實，那就是個體的行為受到三種因素制約：生物遺傳因素、外部環境刺激以及以一系列階級衝突為主而積累起來的人類經驗基礎上的意識。在馬克思主義看來，心理學理論是以生理學為基礎的，而且是唯物主義的。所以他們認為，除了那些患有腦部損傷的孩子之外，沒有什麼內在的本質原因能夠解釋為什麼仍有那麼多的學生不能夠跟上和完成同樣的百科全書式的課程。

毫無疑問，這種與以廣泛學科為基礎的課程所不同的探索，已經在理論方面為由共產黨政府中負責制定教育政策的各國教育家們所接受。但同時必須指出，綜合技術課程的原則很難為教師們所內化。做到理論聯繫實際，教育與社會生產生活相結合，需要對由柏拉圖提出、經過之後歷代教師所鞏固加強的有價值的知識概念進行根本的重建。即使是提倡綜合技術知識教學的教師們，也會發現難以將任何一門學科都與它們的社會影響和經濟方面的應用系統地證明其普遍原則。

不管怎麼說，在各種不同體制的政府都竭力發展工業而促使科學知識大發展的情況下，蘇聯的課程理論及其相一致的以生理學為基礎的學習理論，與從柏拉圖那兒繼承來的，認為變革是一種衰退的過程，從而拒絕任何變革並認為除去永恆理念之外不再有什麼知識的理論相比，在實施教育是人的基本權利方面更具有現實性。毫不令人驚訝地，在對科學和技術在工業生產中的應用的反應比其他許多國家快得多的美國，十九世紀末再現了一種異於綜合技術課程理論，但具有極大可行性的課程理論。

實用主義

　　美國的實用主義（Pragmatism）者同樣關注馬克思所關注的許多問題。他們注意到了工業化、商品化及都市化對美國人生活的影響，開始共同研究為美國民主服務的理論基礎。在這裡，民主制度是指獨立戰爭期間，由杰斐遜（Jefferson）及其同事創建的服務於奴隸主土地均分制的（agrarian）民主機構和制度。南北戰爭和婦女解放運動使得美國經濟的政治基礎發生了變化。實用主義者認識到，要使美國社會機構和制度充分反映這種社會變化，就必須改變法律、心理學、數學、醫學、教育等理論。

　　作為早期實用主義者討論問題中的一個組成部份，杜威（John Dewey）為一種激進的新課程理論提供了依據。他的觀點類似於斯賓塞（Herbert Spencer）在《教育論》（*Education*）一書中所提出的有關「什麼知識最有價值」的觀點。斯賓塞認為：那些能夠使青年人用以解

決問題，並爲他們將來長大之後，在一個民主社會中解決所可能遇到的問題做準備的知識最有價值。按照這種理論，就將課程問題的討論指向了對「有價值的問題」的鑒定與分析。斯賓塞曾指出：與人的健康生存、營生、家庭生活、公眾參與、享受閑暇與道德判斷的形成相聯繫的問題是最主要的，與之相適應的知識也是最有價值的。杜威和其他的實用主義者接受了這種對問題的分類方法，並將其作爲一種完備的課程的基礎，而不是以對普通教育和職業訓練的嚴格區分作爲建立課程的基礎。

杜威認爲應該用問題來選擇都市環境中學校教育的內容。他在迅速發展的芝加哥大學任教期間，就已經爲他最有影響的早期教育試驗做好了籌備工作。與馬克思一樣，他也意識到工業化所產生的問題必須借助於激進的方法才能解決。但他又不像馬克思那樣認爲這些問題的根源純粹是工人和資本家之間的鬥爭。相反，由於他認爲運用早在一百多年前擬定的憲法，作爲一種合乎要求的基礎來管理一個迅速變化的社會的做法，是不能讓人滿意的，他希望重建他自己童年在佛蒙特（Vermont）地區的經歷中所學到的美國邊遠地區的價值觀。杜威認識到，在芝加哥城中，要重建那種他如此羨慕的小型的教育社會是不可能的。所以，他建議，作爲一種替代補償，初等學校應當成爲小型的社會，其課程就是爲孩子們提供問題解決式的學習活動，而這些問題又都是他們若在小型邊遠城市中生活中所可能經歷的。因此，學校就變成了社會。

與馬克思一樣，在杜威看來，生產勞動是最具教育意

義的活動。所以，他們都為教師們設置了透過職業性的活動對學生教導道德價值的任務。杜威將這些合乎需要的活動納入教師職業，因而使得他聞名於柏林頓（Burlington），而且他還接受了與十九世紀土地均分制民主相聯繫的價值觀。馬克思則分析了資本主義工廠的生產方式，將那些可以發展為社會主義社會的生產性生活作為有教育意義的活動，並且強調了與這種社會相聯繫的價值觀。儘管他們二人觀察問題的方法存在著政治方面的差異，但作為學者，他們都建議：職業性活動必須構成完備的普通教育的核心。生產性生活的各個方面應成為學校課程的中心。在馬克思和杜威看來，由柏拉圖首創的將教育與訓練分開的二分法就像將心智努力與生產性活動相分離一樣是錯誤的。然而，他們兩人都沒有認識到：正是把職業性的活動作為完備課程的中心的觀點，致使居於歐洲傳統的課程理論中心的二分法得以長期保存下來。

杜威的理論是為小學教育而設計的，但其後他的追隨者們在確立中學課程發展的主要原則時也採用了這一理論。實用主義的課程理論由此從根本上代替了早些時候的歐洲模式。如果不能說絕大多數的話，那麼可以說，英國的許多小學教師完全接受了這種理論。它作為一種過程而不是一種固定的內容模式還影響了英國其它較高層次的教育。然而，應當識別在實用主義的「進步的」（progressive）課程理論中的兩種傾向：一是強調兒童中心（child-centred），並將正在成長中的孩子們的需要作為選擇課程內容的標準；另一就是那些強調社會中心的

（society-centred）進步教育家也將杜威作爲他們的領導人，認爲學校的主要目的應該是重建社會。只有在當今社會問題的大背景中分析個別兒童的需要，這兩種觀點才能趨於合諧一致。如前所述，杜威解決課程問題的方法是將城區小學作爲一個教育社區（educative community）對待。至於城區小學能夠在多大程度上成功地堅持鄉村小鎮中的價值觀念還是一個懸而未決的問題。然而，經杜威發展形成的實用主義典範和課程理論在應用的過程中的確適應了1945年以後許多國家所發生的社會變革。

實際上，在以上簡單描述的四種課程模式中，只有實用主義和綜合技術主義課程論，能夠在理論上解決1945年以後許多採用歐式的選擇性學術中學、教育和訓練之間的區分嚴格，以及存在著各種不同知識形式的國家中所產生的教育問題。然而，美國和蘇聯這倆個政治上對立的超級大國之出現，使全世界教師的職責出現了兩極分化，並加重了課程爭論，和他們對變化作出反應時的地方主義色彩（parochialism）。

課程無法改革的政治原因分析

1945年後，人們越來越關注教育內容。1945至1946年聯合國創始人認爲，掃盲的最好措施是實施根據杜威實用主義原則編制的課程。數年中，以各種名義結合到「基礎教育」中的這一觀念影響著聯合國爲促進世界掃盲活動而提出的倡議。這些倡議背後的原則是：所有兒童都能藉由

參與他們社區生活相關的活動而進行最好地學習。這些國際上提倡的、非正式的取向並不像引進基於歐式課程的普及初等教育的努力那樣成功。

在有些地區國際性壓力更為直接。在日本，美國使節團在戰後立即就改變了日本學校課程。他們認為日本戰前的修身（morals education）教育助長了軍國主義。美國專家建議，取消課程中的修身教育而代之以社會學科。同時建議將學科中心課程改為杜威式的課程模式。

經過長期內戰建立起來的中國共產黨政府也展開了課程爭論。中國領導人在馬克思、列寧、史達林（Stalin）的思想體系中找到了向人民傳授西方知識的依據。這些知識對於在共產黨領導下發展工業是必要的。蘇聯和中國政府的不同尋常的關係表明，將一個國家的課程實踐移植到另一國家十分不易，要使教師在任何政治說服之下將綜合技術主義原則付諸實施也是非常困難的。

掃盲運動的失敗，日本教師和官員對由政治性的教師聯合會領導者發起的課程變革政策的有效抵制，說明透過國際行動來改革課程是十分困難的。歐洲共同體（European Community）是在羅馬條約的基礎上建立起來的，而條約中卻未出現教育方面的條款，這一事例足以說明，關於教育的一般爭論，特別是教育內容的爭論具有地方主義色彩。多年來，歐洲共同體機構都一直在收集和傳播教育資訊。1976年2月9日議案，通過使教育部長們有可能自願地討論大家普遍關注的教育問題，從而為在歐洲共同體中採取統一的教育行動提供了基礎。在這次事件中，

歐洲共同體討論的問題和政策僅限於那些在歐洲脈絡中歷時不久的，且可由各個國家解決的那些問題及其策略。即使在全歐洲某些教育資格可以通行，勞動力可在全歐自由擇業，由此十分需要出現共同課程的情況下，歐洲也不太可能出現共同課程。即使有這一類提案，地方性民族主義觀點也會阻礙提案的通過。

日內瓦的「聯合國國際教育局」（International Bureau of Education）為課程討論提供了論壇。雖然在聯合國教育會議上，各國代表經常就某些問題達成一致意見，但它並不具備影響各國政策的權力。「世界經濟合作與發展組織」（OECD）對各國教育體制所作的研究報告，對它所調查研究的對象國的課程改革影響甚微。簡要地說，這幾個組織以及華盛頓的全美聯合會（OAS），曼谷的「東南亞聯合會」（ASEAN）等可以進行課程討論的國際性組織，都沒能對各國課程討論產生多大影響。這些國際性組織的討論，其長遠影響在實際上不太可能會根深蒂固——他們的最主要貢獻是在政治氣氛濃厚的情況下形成和改變觀念，而在這些政治氣氛中，並不鼓勵考慮他們所提倡的新課程方案。

一些主要國家對教育內容的關注非常明顯。毫不令人驚訝地，1945年前在不同條件下取消了選擇性中學的美國和蘇聯最早顯示這種關注。50年代美國學者與教育外行者對美國中學提出了嚴厲的批評，批評焦點是它的課程遠遠比不上歐洲學校的課程。1957年蘇聯第一顆衛星上天，使美國對進步——實用主義課程的批評達到了頂點。這種刻

薄批判的擁護者有教育界的教師和專家，與非教育領域的科學專家、工業家和政治家。除了給教師的政策上的強大壓力外，1983年美國學者還作了揭示美國高中課程弱點的《國家在危急之中》（*A Nation at Risk*）等批評性報告，指出美國學校課程在1958至1983年間沒有多大變化。

在蘇聯，雖然經共產黨同意並受到「教育科學院」（the Academy of Pedagogical Sciences）院士們擁護，赫魯曉夫（Khrushchev）所倡導的透過實施綜合技術主義課程，而使教育貼近生活的1958年教育改革還是失敗了。很顯然，當時人們對歷史上「綜合技術」（polytechnicalization）概念的各種完全不同的解釋之內部爭論，加遽了教育建設中的衝突。同樣明顯地是，那些受根深蒂固的歐洲教育傳統的薰陶，又幾乎不具備現代技術知識的教師們，是不可能按綜合技術主義原則將他們的學科與蘇維埃社會的生產生活聯繫起來的。雖然蘇聯的內部爭論沒有美國那樣公開，但毫無疑問，教師們有效地抵制了20年代早期就已被採納的課程理論的實施。

與美蘇相似，在法國、英國和其他西歐國家的課程變化緩慢，並幾乎完全未脫離傳統的要素主義和百科全書主義的框框。撇開中央行政機構在制定和採用課程政策的權力，真正的擁護者有維護有價值知識的觀念的教師，和倡導實用主義或綜合技術主義課程理論的激進教育家。在某些個案中，激進者的動力是以政治意識形態為基礎的。很少有改革者直接採取外國的課程模式和理論。在大多數情況下，大學對入學條件的設定與限制有效地阻礙了中等教

育課程的改革，儘管在綜合中學和統一中學中維持為升學
作準備的課程有些困難。

　　當然，美國的進步主義理論在其他國家，尤其是英語
國家產生了一定影響。它也成功地影響了其它歐洲國家。
例如，在法國，1945年後提倡的「新制班」（les classes
nouvelles）就引進了英美進步主義教育家的教育內容和
方法。「新制班」成為一些教師們短期內追隨的時尚，但
未能在教師專業中被普遍接受。對改革持堅決反對態度的
是中學教師聯合會的成員，他們是國立中學（lycées）的
教師，反對熱衷於改革的教育官員。課程還是依舊沿襲了
百科全書主義。同樣，在英國，雖然在第六學級（sixth
form）的課程內容的放寬方面作了一定努力，但中學課程
依然是高度分科化的。在爭論中倡導放寬教育內容的一方
主要是大學學者和國家教育行政官員，而他們在組織、採
用和實施課程政策上的影響小得可憐。80年代末柴契爾政
府提出的基礎寬泛的國定課程也可能會受到教師聯合會和
勞動黨政治家的強烈反對，因為他們認為由各個學校的教
師來控制課程對整個體制來說是最合理的。

　　新獨立的國家中，殖民主義的滅亡使課程改革面臨著
極大困難。在這些國家中，政府領導人和教育家們希望用
本國所期望的課程替代歐洲殖民化課程來弘揚本國的價值
觀。在這些期望中，用本國語言教學取代原先的宗主國語
言（如法語、英語、西班牙語等）教學的措施，加遽了因
內部語言不統一而產生的政治衝突。並且，地方性語言的
使用有違那些希望自己的子女得益於掌握世界性語言的父

母們的意願。在這種各種利益衝突的情況下，課程改革成為政治責任，受倡導改革者的制約程度也不再像那些已獨立很久的國家教育體系那樣嚴重。

　　簡而言之，國際社會對課程理論和實踐的影響受到國家政府的主權及教師的保守性的阻礙。國際性宣言常常是一種沒有實際影響的虔誠意見。雙邊的壓力都不是太有效的。日本和德國的例子證明：由一個國家的教育家去改造另一個國家的課程不會產生長遠的效應，除非像歐洲殖民者那樣堅持許多年。其原因在於教師的權力，他們作為有價值的知識之維護者而拒絕變革。戰勝國將德國分為英美、法和蘇聯兩個勢力範圍。雙方都試圖以自己的思想來改革德國體制。40多年來，德國傳統依舊得以沿襲，並成為教育內容的一部份，學術性教育和職業訓練的分野並未消除。

　　根據本國教育家提出的理論基礎來合法化的課程改革，其推行速度也非常緩慢。只有當新理論被大部份教師內化之後，才有可能保證課程理論有效地實施。即使在實用主義哲學流行了近一個世紀的美國，其課本與歐洲學校的課本也沒有多大差別。事實上，從認為必須滿足「所有美國青年」的需要的進步主義課程方案受到不時的猛烈批評之情況中，就可以窺見美國教育中的保守主義。

　　比較的結果足以說明，使課程完全跟上社會變革的步伐是非常困難的。1945年後歐洲的改革及黨派政治家們發起的教育結構改革提高了對課程改革的迫切性。但在西歐，課程改革並沒有馬上跟著進行。課程改革僅限於為特

別的學生團體重新設定課程的優先次序，如降低爲升學作準備的中學中對拉丁語、希臘語課程的水準。減化單個課程的教學大綱，僅僅選擇他們歷史發展過程中最有價值的知識。例如物理中僅選擇物理發展史中最能勾劃出整個學科範圍的原理。從所有可接受的學科範圍中設置選修課，增加學生選擇的機會。

失敗是慘重的，這些失敗恐怕是使那些綜合中學的極力倡導者們不再對此抱有幻想的原因。這些倡導者，如胡森（Torsten Husen），曾希望透過綜合中學的試驗，實現作爲人權的教育機會均等。在歐洲，美國的進步主義是否應該被歐洲的教育家們完全接受的問題還尙待爭議。另一個尙待論辯的問題是，非社會主義國家會不會接受並發展蘇維埃綜合技術課程。若被接受的話，多少敎師能內化該理論，並將它成功地應用到學校實踐中去？

在學校系統受歐洲模式影響，但敎師卻固守著傳統有關有價值知識的觀念的地方，所面臨的困境也同樣嚴重。敎育家面臨著這樣的任務：開發旣能適應現代工業社會發展的需要，又無損於傳統價值的課程理論——這是杜威曾面臨的問題。本書的分析試圖表明，除這四種課程模式外還不曾產生過眞正的其它模式，至多只是對它們細小的改動而已。

即使是謹愼地引進這幾種新的課程模式的企圖也遭到了阻抗。不過，經常被倡導回到傳統理論的做法也不可能完全解決現在的敎育問題。在缺乏一種有別於要素主義、百科全書主義、綜合技術主義和實用主義的課程模式的情

況下，很有必要研究一下其中的每一種是如何在它的本國
出現和發展起來的，人們又是如何努力把實用主義和綜合
技術主義從一個國家的教育制度中，移植到另一個國家的
教育制度中去的。

譯者注：本書中的蘇聯指解體前的蘇聯。

2 個人主義與英國課程

　　爲英格蘭與威爾斯制定的1944年教育法規定：中等教育必須根據年齡、性向和能力向所有人開放。該法沒有具體規定在國家教育的地方性教育行政體系中，中等教育應該是怎樣組織的；並且，除了規定宗教教育爲強制性的之外，它並沒有說明學校應該教什麼。1944年後，英國的主要課程目標和典型的課程實踐要從其他角度來探尋。

　　英國的傳統課程實踐可以從源於柏拉圖和亞里斯多德的要素主義中去理解。這種哲學從十九世紀開始流行，它認爲眞正的自由教育能夠透過幾門精心選擇的學科來得到最好的實現。

　　中學課程的民主化很難與認爲只有未來的「哲學王」（philosopher-kings）（主要是政治、社會和智力精英）才有權利獲得高層次知識的觀念協調起來；同樣，有關高層次知識的傳統觀念十分嚴格的情況下，要提倡與大多數學生的未來職業與社會狀況相關的知識課程也是非常困難的。

　　1944年後，爲民主化的學校體系設置相關課程的問題

成為主要由教育家來考慮的課題，其主要的回應是學校層面上的革新。1976年後，中央政府試圖構建一種國定課程（national curricurum）。1988年教育法規定了學校課程，摒除了要素主義的某些原則，但未能觸及其餘的原則。教育家們在決定教育內容上的專權受到了更嚴重的威脅。這些變化的結果尚不得而知。

什麼知識？

整個二十世紀，為英才及大眾開設的博雅教育（liberal education）課程都限於幾種主要的「學術性」學科。學生可以根據興趣和能力在學科中作出選擇。英國對組成有價值知識的觀念基於對符合精確規準的特定學科的價值的信念。

在英國，在專業化與個人選擇之外，還有第三條重要原則，即：柏拉圖《理想國》中的道德觀。在英國的要素主義傳統中，這一道德觀演變為英才教育必須培養英才公正、正直、恪守諾言等品質——簡而言之，培養智慧而不是聰明。

柏拉圖的道德規則在十八世紀為洛克（J. Lock）所採納。他有關良善領導者教育的道德教育原則在十九世紀中期興建英才中學（公學）和改革劍橋、牛津等老大學時被付諸實踐。阿諾德（Thomas Arnold）的拉格比公學（Rugby School）、朱懷特（Benjamin Jowett）的巴里奧（Balliol）學院（在牛津大學內）等，最為培養未來的

內政外交上的政治行政階層，而進行道德訓練的英才教育機構的典型。這種道德原則試圖指導層級結構社會的領導人更好地處理與他們所管轄的各種人事的關係。

這些道德內容構成了課程的人文學科中心。在十九世紀末和二十世紀初，古典科目——特別是希臘文和拉丁文學、哲學和歷史等在牛津大學著名的人文學科學位課程中的主課——被當作最重要的學科。透過這樣的研習，那些對道德發現的敏感者能引證最完善的道德教訓及觀念。

現代歷史和英語文學最後取代了古典課程成為提高道德水準的源泉。科學和語言學相互競爭。數學與科學等學科的擁護者總是試圖研究證明這些學科中的道德和美學價值。而高中外國語言的研究者則強調外國文學的學習，而不是語言結構的分析或日常英語的應用。

十六世紀，伊拉斯謨斯（Erasmus）重新闡釋了柏拉圖式的道德性，強調審美能力、鑒賞力和優雅行為的培養。強調外在的形象和禮儀而不是內在道德。這種觀點一直未占主導地位，尤其是在熱切而虔誠的十九世紀期間，這期間為二十世紀的教育發展奠定了基礎。但它使一些美學學科（主要是文學、藝術、音樂甚至數學）獲得了一定地位。

以培養領導人才為目的的英才教育，其道德目的排斥了與低級「訓練」相關的實際的、有用的知識及職業知識。因為與手工業相關的這些人類活動在柏拉圖式的社會結構中所處的地位很低。

個人主義和專門化原則是對道德主義的補充。柏拉圖認為智慧是憑直覺學到的。知識的獲得並不像理性主義者

們所宣揚的那樣具有邏輯性、有序性的和標準化，而是學習者的內在品質和課本的道德性之間相互作用的結果。因為每個個體可能會尋求與他（她）的道德發展相近的不同材料，教育內容必須根據個別差異來選擇。

若教育目的是發展道德價值觀，就沒有很大必要將許多知識分支進行綜合性融匯了。在要素主義傳統中，提倡對幾門相應學科進行深入學習而不是膚淺地涉獵大量知識。專業化、個人主義和教育的道德目的從不同角度強化了這樣的英國教育觀：對幾門學科進行深入學習是構成合理的教育的基礎。

對於專門化的重視還有另外一些理論基礎。亞里斯多德的科學方法論認為，一些學科——如數學——符合邏輯一貫性的規準，另一些則透過發展和仔細收集材料並對它們進行分類而達到一定的知識程度。科學方法的這些原則使自然科學合理化。貫穿在十七世紀培根（F. Bacon）和十九世紀穆勒（J. S. Mill）的著作中的作為科學方法的歸納法支配了英國關於知識產生的觀念。

這一學問觀加遽了大學課程的專門化。單一學科的「榮譽」學位開始建立，並在二十世紀逐漸成為常規的學位。學生將所有課堂學習時間花在諸如數學、英國文學或地理等一門學科上。大學學者對中等教育如何為大學準備人才方面的決定權導致了高中課程的高度專門化。

從十九世紀起主導英國文法中學和高等教育的要素主義知識觀，並不準備應用到大眾教育中。事實上，被柏拉圖的追隨者所不屑一顧的職業教育，和受到兒童中心哲學

的影響的初等教育很少受要素主義的影響。二十世紀，在教育進程開始進行初等教育（post-elementary）後階段的民主化的時候，要素主義才開始被應用到更多的人身上。

人人接受中等教育

在中等教育從只爲社會培養未來的專家和管理人才，轉向所有兒童和年輕人都有義務和權利參與的普及性體制之時，中等教育成了英國有關課程方面的主要爭論焦點。

經濟、社會和政治對學校教育的壓力也對要素主義傳統提出了問題。英國職業結構的變化和對經濟增長的期望及計劃要求教育與職業相聯繫。二十世紀70年代中期青年人失業率的增長，致使要求中等教育課程適應將從事熟練或半熟練技術勞動的學生的需求。

1945年後的社會變化包括：由於60年代來自加勒比海和印度次大陸等地移民的增多，使民族、宗教和語言更爲多樣化。隨著婦女對職業期望的增高，離婚率增長，單親家庭的增多，以及大衆媒介和大規模消費經濟對價值觀的影響，家庭生活模式也發生了改變。課程的爭論焦點是社會、道德問題以及來自經濟的要求。但是這些政治和經濟的影響在教育機構中的主要體現是入學政策的變化。

1945年後，中等教育是如何變化的？這些變化對課程爭論有何影響？從中世紀開始就有文法中學（grammar schools）提供中等教育。到十九世紀中期，出現了爲上層

或中上層階層服務的，大多為寄宿性的公學（public school）。這類獨立的，收費的學校系統在80年代擁有中等學校總人數的8%，並依舊是地位最高的中等學校。在二十世紀，獨立學校系統為牛津、劍橋等英才大學輸送了大部份學生，他們占據了許多高地位的職業。透過其不被民主化道路所干擾的對老傳統的維護，這些獨立學校的課程影響著公立學校系統。

從十九世紀末開始，大多數文法中學被納入了國家教育體系。1945年後，它們透過11歲考試從公立小學中招收所有學生。他們為11至16或18歲的學生提供學術性教育，這些學生畢業後大多數升學或從事專業性職業。

二次大戰前，大多數人只能受義務初等教育至14歲。1944年教育法規定了三軌制（tripartite）的普及中等教育。約有20%至25%的小學生升入文法中學或者是技術中學（technical schools），其他人升入新設立的「現代中學」（secondary modern）受義務教育至15歲。實踐上，三軌制只有「兩軌」（bipartite），因為技術中學數量不多而且從未招收過2%以上的相關年齡組的學生。

1965年中央政府通諭（circular）用綜合中學（comprehensive schools）取代三軌制。第一所綜合中學在1944年就建立了，但直到1970年後，中學的綜合化才得以基本實現。

綜合中學為11至18歲學生提供教育，但大多數學生在完成了義務教育後（1974年是16歲）就離開了學校。然而直至1985年，16歲以後繼續接受全日制教育的學生也只有

46%。這種初中與高中的入學人數不平衡的現象是一些地方教育當局將初中與高中分開設校的原因之一。一些地區還保留了選擇性的文法中學。

雖然共同中等學校（common secondary schools）已被普遍採納，但中等教育課程依舊維護了三軌制時的課程。在十九世紀末，文法學校和公學開始為學生通過16歲學術考試，獲取「學校證書」（School Certificate）來教學。包括，英語、數學、現代語言等五種科目的學分是大學入學的資格，以後又出現了更為專門化的「高級學校證書」（Highter School Certificate）。

根據1943年《諾伍德報告書》（*Norwood Report*）普通教育證書（General Certificate of Education）的普通級（O Level）取代了高級學校證書。雖然普通級普通教育證書不再是大學入學的資格，但它成了通向許多商業機構和政府部門的中層職業的通行證。學生在大學入學考試中可以選擇科目，每門科目成績單獨記分，其目的是使學生集中於他們的較強學科，並且不為他們的弱項受到拖累。

在實際中常常出現一些14歲學生在選擇普通級科目時，不選所有科學或現代語或歷史課的現象。預期中學入學人數劇增所採取的第一個反應是允許初中學生在一些學科之中作出選擇。

在兩年制高中課程，即精深級（A Level）普通教育證書課程中，專門化傾向依然非常強。在通常情況下，學生只學習三門課程（常常是同類課程），如英國文學、歷

史和法語，或數學、物理和化學。大學入學要求強化了這種專門化趨勢，它要求學生只通過兩至三門精深級科目（加上三門普通級科目或相應科目），並十分重視精深級考試中的成績。雖然等級「E」就可以通過精深級考試，但大學入學要求成績至少是等級「C」，有時甚至必須達到等級「A」。

現代中學從來沒有獲得過人們宣稱的那種「平等的尊重」（parity of esteem）。現代中學模仿文法中學的課程，特別是在許多有野心的好教師希望他的得意門生通過普通級普通教育證書考試的情況下。許多現代中學偷偷地使用要素主義課程，儘管大部分學生不參加這類考試。

綜合中學的產生對課程的直接影響十分有限。學校內部一般都按能力或成績分組。即使在二、三年級實行混合能力制，20%至25%的學生到四年級也要被分到為普通級考試作準備的頂尖小組中去。

1964年後，為普通程度的學生設置了「中等教育證書」（Certificate of Secondary Education）的考試。中等教育證書的教學大綱與普通級證書相近——側重學術性領域——但是，降低了對學生成績的期望。雖然兩種考試制度不同，普通級考試必須在有限的時間內完成閉卷考試，而中等教育證書考試則是由更多老師參與連續的形成性評價，但所要測試的內容大致相同。能力最低的學生參加一部分中等教育證書學科考試或不考試，但課程內容與其他小組相似，只是程度略低而已。

綜合中學的發展在某種程度上強化了要素主義在中學

課程中的地位。中學小組分流和各種考試中存在著嚴格的界限。大部分人學習普通級普通教育證書課程。還有少數課程是為大學入學及進入中層職業開設的。綜合中學的這種明顯失敗，使那些試圖在傳統英才教育內容的基礎上建立至少表面上統一的課程的教師和課程計劃者們十分不安。

1970年中期開始準備取消普通教育證書（GCE）和中等教育證書（CSE）之間的分野，但進展很慢。直到1986年實行了中等教育普通證書（General Certificate of Secondary Education），這一目標才基本實現。即使是這種結合了GCE和CSE的新考試只適用於60%學生所學的科目範圍。儘管它注重連續評價和行為及學術方面的目標分類，它仍未消除對學術性和專門性課程的側重。

有限制的高等教育和繼續教育

要素主義在中等教育課程中的統治地位的重要原因包括：狹隘的英才高等教育的繼續存在，以及技術與職業教育形式依然保持專門化並與主流教育相分離。

中世紀英國的牛津、劍橋大學及蘇格蘭的四所老大學建立之後，十九世紀和二十世紀初，倫敦及其它大城鎮都出現了大學。隨著1963年《羅賓斯報告書》（*Robbins Report*），出現了大學規模擴大、數量增加的現象。「公立」大學（多科技術學院和高等教育學院）從1966年開始出現，到80年代其學生數占整個高等教育體制中學生數的

一半。儘管有較快的發展，但相關年齡組成人員進入大學的比例還是很低，到80年代中期只有14%左右。

在英格蘭和威爾斯，最低學位的學程為三年（蘇格蘭是四年）。在英格蘭和威爾斯，課程主要是學術性學科。雖然人們希望「公立」學院注重與新的技術與職業相關的學科，但這些公立學院依然有學術性趨向，1963年後成立的大學就在許多方面模仿了劍橋和牛津。大學對高度專門化和學術化課程的堅持，為阻抗拓寬中學課程提供了理由。

英國的職業和技術教育被嚴格的與主流教育系統區分開來。「教育」與「訓練」之間的嚴格區分長期存在的原因不僅在於要素主義的知識觀，還在於技術教育本身的孤立。歷史上職業教育有「在職」訓練的傳統而不是進行正規職業教育。任何職業都是如此。直到60年代，大多數律師、會計師和專業工程師都是在良好企業中的「學徒生活」中，而不是大學中獲得其職業技能的。熟練體力勞動者的手工業訓練至今還是「在職」的。

十九世紀後，技術學院開始進行職業／技術教育，但主要是對全日制工人進行部分時間制教育。其學位非常職業化，例如為手工業者開設的「城市和行會證書」（City and Guild Certificates），雖然這些手工業者更多地透過學徒制訓練而不是考試獲得證書。大多數「城市和行會」訓練學程中包含的普通教育內容很少。

在技術員教育水平，普通和高級國家文憑和證書（後改為商業和技術員教育委員會（Business and Technician Education Council）國家證書、國家高級證書和文憑）教育中包括更多的理論方法和科學知識，但主要還是職業訓練。與城市和行會相似，它們被雇主統治的機構所控制。教育／訓練的區分的原因不僅在於要素主義對教育的主導作用，還在於由雇主所操縱的學程中狹隘的職業主義。

從60年代起，提供「進階繼續教育」（advanced further education）的技術學院統稱為多科技術學院（或技術大學）。較低階的繼續教育學院提供普通級或精深級普通教育證書的學術性補習課程，開設部分時間制的城市與行會手工業課程，並從70年代開始提供職業指導課程，其內容包括，例如為16至19歲無業青年開設基礎學習技能課程。這些課程一般不在一貫性或連續性的架構中開設，與學校教育體系也沒有明確的聯繫。

初等教育

與此相對立的是，對中學中要素主義課程的霸權的主要挑戰，來自於兒童中心課程（child-centred curriculum），兒童中心課程在二十世紀晚期逐步取得了對小學教育的主導地位。

二十世紀小學的課程變革，與特定的外界壓力和許多小學教師願意採用兒童中心而不是學問中心的方式有關。從十九世紀80年代開始，5至11歲以上的兒童的初等教育是普及義務教育。然而，十九世紀的英國小學定有刻板的時

間表和教學大綱表，政府根據學生在這些課程中的成績來決定對學校的資助。在第一代小學生和教師所受的教育訓練有限，但在小學教育體系的飛速擴展的情況下，政府一直嚴格控制著課程。

　　隨著大眾初等教育體系的成熟，學校開始有權決定其課程。主要課程目標和綱要由政府提供，但允許學校教師決定如何將這些大體目標付諸實施。直到1935年，才出版了每門課程的教學指導書並常規性地進行修訂。在這些指導書中，更多的是建議而不是命令。

　　小學教師在決定課程細節方面的相對自由受到了限制，其原因在於：越來越多的壓力要求將小學成為以11歲考試為標準的為文法中學入學作準備的機構。注重英語、數學等認知學習的11歲考試，影響了初等學校課程、小學生的分組以及測驗的頻率。直到60年代早期取消了11歲考試，小學課程才得以擺脫外部束縛。

　　英國小學教師中的絕大部分，特別是那些受師範學院教育影響的教師，都全心全意地接受由十九世紀和二十世紀初的許多進步主義教育家，包括，裴斯泰洛齊（Pestalozzi）、福祿貝爾（Froebel）、蒙特梭利（Montessori）、杜威（J. Dewey）和伊賽克斯（S. Isaacs）等提出的個人主義和兒童中心主義哲學，兒童中心的觀點允許根據兒童的需要和興趣選擇課程，而不是像要素主義那樣認為有些知識比另一些知識更具有內在價值。

　　1967年普洛登（Plowden）報告書提倡「綜合日」（integrated day）課程，這種課程圍繞從學生的體驗

（如水、秋天、購物中心）出發確定的主題，與另一些與主題有關的其它範圍的「學科」（語言、數學、歷史、藝術、地理、科學、文學）等相聯，組成課程內容。在這種課程中，知識並不是按結構顯示，而是為主題的學習需要時自然地引進。

在許多小學中風行的類似方法對一些中學的低年級課程改革也產生了影響。這種方法不僅運用於兒童中心式的發現學習過程中，而且還具有將傳統學科結合成寬泛的綜合科學、環境研究、人文學科等學科組的趨向。在中學低年級的課堂教學中常有學科中心和兒童中心相衝突的現象。而要素主義依然占上風（特別是在大學和高中）。

課程爭論

70年代末，有關課程的爭論主要在專業的教育家之間展開。他們關心的問題是：在什麼程度上用什麼方法能將傳統英才教育課程應用到更廣的學校人口中去。從70年代中期開始，政治家們試圖對課程事務提出新的問題，他們所關心的問題主要是學業成就水平以及學校教育內容與經濟發展的關係。

為所有人提供要素主義的課程？

1944年頒布的有關普及中等教育的教育法是根據1943年《諾伍德報告書》（*Norwood Report*）制定的。《諾伍德報告書》基於兒童有三種不同能力和興趣——「學術

的」、「技術的」和「實踐的」興趣的假設，反對實行統一中學課程。這一論點受到一些教育家的贊同，例如，比如班托克（G.H. Bantock, 1968）就認爲建立在「民間」（folk）文化基礎上的課程比建立在英才「高層」文化基礎上的課程更適合大多數學生的需要。但到70年代，根據學生的不同能力和家庭背景提供不同課程的提案遭到普遍的否認。

人們希望，建立在原先文法學校課程基礎上的爲所有中學生提供的共同課程，能夠眞正使學生進入高層文化和高薪職位的機會均等。其中心論點是：透過相同的課程內容，用基本相同的方法組織起來的相同知識能爲所有學生掌握。

英才學校的傳統課程主幹被新的綜合學校所採納。其改動不是對要素主義認識論原則的改動，而是改變教學方法使更多的教師能夠掌握。

60年代的課程改革計劃中普遍認可了這種辦法。學校委員會人文學科計劃（SCHP）中包括諸如：貧窮、戰爭與社會、家庭與婚姻等主題的材料，這些材料爲14至16歲學業成績差的學生設立。雖然教學原則強調學生間開放的（但有一定結構的）討論，但是內容還是強調透過學習和闡明文學以及歷史文本來掌握道德價值觀。這一計劃由斯滕豪斯（L. Stenhouse）制定，他的課程理論強調「好文本」（fine texts）應具有的內在價值，這些價值會得到所有學生本能的欣賞（Stenhouse, 1970）。

納非爾德（Nuffield）科學和學校數學計劃起先也是

為綜合中學學生設計的。它們強調個人積極地發現物理現象及關係，以此作為學習一般原理的基礎。為了適合不同兒童的能力，設計了具體的刺激以促成發現。然而，由於這些計劃主要由高地位公學教師制定，在實踐中，它們開始更多地與優秀學生聯繫在一起。

另一種要素主義知識的「民主化」主要始於大學中而不是中小學內。這種民主化努力使學習內容反映普通人的文化而不是有權有勢者和富人的文化。但這些變化並未影響建立在傳統大學基礎上的邏輯結構和智力原則。

這裡可以舉兩個例子。名著的學習是要素主義知識的難點之一。在十九世紀和二十世紀早期，主要是希臘文學和拉丁文學。英語文學課程一開始側重語言史。但後來，其重點轉移到具有道德意味的名著（或可以培養學生道德以及審美敏感性的著作）。在劍橋大學的李維斯（F. R. Leavis）的影響下，文學的重點轉向反映「普通」人體驗的狄更斯（C. Dickens）、孔拉德（J. Conrad）和勞倫斯（D. H. Lawrence）的著作。這種內容的民主化與對目的的道德標準和個人標準相關，它後來在培養中小學英語教師的師範教育的課程和方法中得到了體現。

從十九世紀末開始，在大學，尤其是牛津大學中，歷史是主要的學習領域。起先，內容側重於法制的發展和偉大政治家的著作（包括，獨裁者和首相）。唐尼（R. H. Tawney）和科爾（G. D. H. Cole）等激進學者將重點轉移至在社會歷史中窮苦人民和被壓迫者的生活，但並未對學習的道德目的提出異議。學校歷史課程的側重點轉向

利用和評價有關普通人民的歷史的資料，其重心也由偉大生活的道德教訓轉向作判斷時尊重證據（特別是不同人民團體的證據）的道德。

要素主義學習內容的民主化存在著內在矛盾。它的最初目的是使未來的統治者意識到普通人的存在並尊重他們，而不是為了強調大眾的受教育經歷。即使是民主化的要素主義也具有培養英才的目的。它難以滿足那些想獲得更人文化教育的人的要求。

綜合中學中，使要素主義課程民主化的運動的主要弱點是：用有水分的方法傳授的幾門傳統學術性課程並不能滿足大部分學生的需要和期望。這種明顯的不足使政治家們乘機加入了課程爭論並提出了形形色色的方案。

國定課程？

1976年後，中央政府機構試圖制定國定課程以便從教師手中奪回對學校課程的控制權。其理論基礎是：法律規定只有宗教教育這一門課程是義務課程，這會導致對其它中心課程的忽視。這一觀點是1977年的綠皮書（Green Paper）和其後的政府報告（DES, 1977a, 1980, 1981）的出發點，並在1988年教育改革法中得到了高度體現。

1988年教育法明確地規定了「核心」（core）課程——數學、英語和科學——及其它「基礎」（foundation）課程（歷史、地理、技術、音樂、藝術、體育和中學現代外語）。學校和教師必須遵循教育法進行教育，並達到教育和科學部對這些核心課程和基礎課程的要求。除此

以外，還設置了7、11、14和16歲國家統一考試，以便更好地控制學校教育內容。

1988年教育法設置國定課程的目的，是讓消費者們明確他們的權利，並根據統一的標準來判斷學校的好壞。教育國務大臣貝克（K. Baker）指出，「父母親們將更清楚地知道他們的孩子們在學什麼。」（DES, 1987b）。

另外，還有一些原因加劇了對實行國定課程的要求。一些研究報告（Bennett, 1976; Rutter, 1979）進一步證明，學校或班級的課程由教師控制的情況加劇了不同學校之間的學生機會不均等的現象。

由於每個學校的課程不同，轉學的學生面臨著許多困難（DES, 1977a）。對於政府來說，這一問題很重要，因為英國南部的發展迫切需要勞動力，而北部經濟的衰退卻使大量人口失業。英國加入歐洲共同體使勞動力的流動具有更加重要的意義。

雖然根據1988年教育改革法的規定，由國務大臣制定的教育內容細則還未出籠，但教育與科學部的一些陳述表明它們很可能傾向於傳統（DES, 1980, 1981, 1987a）。沒有跡象表明政府所宣稱的「核心」和「基礎」課程將與傳統課程會有何截然不同之處。

國定課程僅僅在義務教育階段實施。高度專門化的精進級普通教育證書高中不包括在內。70年代早期曾提出過，分別由「文科」以及「理科」的五門學科組成的高中課程。1987年，改為學生可以學習與精進級智力標準相同但內容只有它的一半的「精進級補充」（Advanced Supplementary）課程。但即使這一較低標準的課程也並未被廣泛接受。

然而，在1988年教育法的其它章節，政府行使了影響教育內容的權利。這些規定有可能會促使高級中學教育內容發生變化。

1976年後，在有關國定課程的討論中提出的方案的相對保守性，與對學校教學以及學生學業成績的「水準」（standards）和「品質」（quality）的不同看法的論爭有關。國定課程的一個特徵是注重水準。但對這一問題還有其它解決方法，包括對教師和學生進行更頻繁和系統化的成績評價，以及家長有權利為他們的孩子選擇學校等。人們希望家長的選擇權可以促使學校在「市場壓力」（market forces）下提高它們的水準。1979年後的保守黨政府還未搞清楚是學校課程的「國家化」，還是學校招生制度的「私立化」（privatization）能更有效地提高教育水準。

這兩種方法在1977年後均被政府採用，並在1988年教育法中得以明確規定。根據1977年綠皮書，在教育與科學部中建立了成績評定研究室（APU）來評價全國學校課程的進展。到70年代末，採取了其它手段，如公布每個學校的統考成績和督學對每個學校的教學品質所作的報告等等。其目的是這些資訊可以使家長和其他有關人士對學校施加壓力以改善教學。

這些方法對教師權力的威脅性比課程內容的威脅更大。而對學術性水準的討論往往傾向於加強學校課程中古

老和傳統的「有價值」內容。事實上，1988年教育法中規定的國定課程對已被小學和中學低年級採納的學生中心主義構成了很大的威脅。獨立「學科」的神聖性重新被強調。只有在消除了在學科間作選擇的專門化傾向的義務教育階段，要素主義觀點才會受到挑戰。

新職業主義？

挑戰傳統的有價值知識觀的一大舉措是政府帶頭要求在主流學校的課程中加大職業與技術課程的比重。

70年代和80年代，要求增強職業教育和技術教育的壓力，反映了廣泛的社會和經濟變化。首先，人們日益關注製造業的衰退，以及缺乏有利於工業發展的社會和工作態度等問題（Weiner, 1981; Dore, 1985）。人們還擔心，在學校體制中不僅未能培養足夠的各級熟練工人，並且也滋長了一些學生的反工業態度，使他們不選擇製造業中的職業（DES, 1980）。

第二，1970年代中期，英國和其他國家一樣，也面臨著年輕失業人口急速增長的現象。社會上出現了如青年訓練計劃等工作經驗課程。這些計劃常常以正規教育形式在繼續教育學院中進行，主要針對16至19歲成績不理想的離校者。顯在的職業準備與這些課程中的潛在工作替代功能之間的緊張關係並未消除。但是，撇開其目的中的內部矛盾來看，它們的目的在於提高工作積極性以及培養「普通的」（generic）工作技能。

這些計劃由負責提供各類職業機會和職業培訓的人力

服務委員會（MSC）發起。這一委員會與政府教育機構不相干，有獨立的財政來源。使職業教育納入正規教育的資金來源就是人力服務委員會的資助。技術與職業教育倡導計畫（TVEI）始於1983年，它受到教育國務大臣的支持卻由人力服務委員會資助和控制。雖然原來計劃在1986年後的十年內必須普遍實施該計劃，但大多數地方教育局只是在少部分學校進行了試驗。地方教育局和教師實施它的原因往往是因為這意味著在普通教育的預算被削減的情況下，能從人力服務委員會得到一筆資金。

對技術與職業教育倡導計劃的評價眾說紛紜。很明顯，對「教育」與「訓練」的區分在技術與職業教育倡導計劃中依然起作用，撇開其具體目標，它的主要對象是那些學術科目成績不佳的學生。由於有額外資金，技術與職業教育倡導計劃的課程被熱情推廣。它設立了16歲後職業準備教育證書，這實際上是為「學術性較弱」的第六學級學生而設的。但很少有學術能力中等以上的學生不再學傳統人文課程而選擇這種新的技術與職業教育。

技術與職業教育倡導計劃代表的職業教育主義受到了許多教師和教育家的否定。它似乎要回到諾伍德報告書時代將學生按能力不同安排課程的老路上去。

很難說，是教師們能透過他們決定課堂具體課程內容的能力來阻攔人力服務委員會職業教育目標的實現，還是政府的壓力會取得成功。國定課程的努力和「教育」與「訓練」分離之間的鬥爭已經持續了二十多年，解決這一問題需要時間。問題的結果似乎取決於參與控制學校課程

的各派別力量的強弱。

其它懸而未決的問題

始於60年代的小學和中學課程的論爭，對學校的社會化功能給予的關注較少，至少在國家層面上是這樣。這顯得有點奇怪。因為英國學校具有明顯的道德功能，不僅體現在要素主義課程中道德因素所占的重要地位上，而且體現在教師所須擔負的道德和宗教職責以及宗教（基督教）教育在課程中所占的重要地位上。

在關於國定課程的論爭中，像道德教育、性教育和政治教育等問題並不是主要話題。甚至在中央政府有關課程的聲明中，也基本不提及少數民族（特別是語言與宗教不同的少數民族）的文化自主權問題。

對學校教育的社會化功能的忽視可能有一部分原因是以下觀點。在政府報告中，這一觀點是：在社會衰退的大城市中主要的教育問題是教育機會均等而不是社會化。後來直到80年代末，由於內部城市的騷亂，才開始對一些少數民族兒童（特別是加勒比海島土著）長期學業不良問題予以關注。

在大城市中對課程的文化與社會功能的忽略尤為嚴重，強化了認為道德可以藉由人文課程和學校群體價值觀傳授的要素主義傳統。而大城市中社會危機尤其明顯的主要標誌是中學教育與地區文化或次級文化，特別是年輕人的次級文化相脫離。在十九世紀人口密集的城市叢林中，學校被視為現代文明的堡壘。但到二十世紀晚期，他們成

了一種異化的文化的堅固防哨。

在60年代後的英國課程爭論中，湧現了許許多多意見不同的團體及不同思想。直到70年代中期，教師團體之間還在進行有關課程的爭論。從那時起，政府試圖加大其影響。這些鬥爭的結果對英國課程的發展具有重要的意義。爭論中的各種團體和力量的性質還有待深入研究。

課程控制與管理

前面已經講到，教師和一些專業教育家是傳統課程的主要捍衛者。但也有人不贊成對教師決定英格蘭和威爾斯的學校課程的觀點提出異議，而強調70年代後中央政府對課程的強有力影響。

透過分別研究不同團體或機構的影響，可以對以上爭議作出評價。但是，必須先對課程決策的官方法定結構進行描述。不同團體是在這一法定結構框架中試圖施加影響的。

課程控制的官方和法定結構

1902年後的100年左右，英國的地方教育局享有法律權力和真正的權力，它有權增加和調配教育經費，決定學校的校址和組織形式，任命教師，控制學校組織內部的一切事務，包括課程。地方教育局（LEAs）的政策由地方選舉的委員會制定。地方教育局的督學和顧問與每個學校及教師都有密切聯繫。

中央層級的教育管理機構是英格蘭與威爾斯教育與科學部（DES），其領導是國務大臣。蘇格蘭與北愛爾蘭的教育由蘇格蘭與北愛爾蘭政府負責。但教育與科學部的影響涉及到整個英國大學教育政策。

中央政府與地方政府之間關係的不確定性首先表現在財政問題上，其次才是法定權限問題。地方教育局的一半公有經費由中央政府提供（但包括部分教育以外的開支）。中央政府也有權透過法律手段促使教育變革。1988年教育改革法破例允許教育與科學部制定學校教育內容。而且該法也允許學校透過父母親的投票，脫離地方教育局的控制，與教育與科學部建立直接聯繫。

1988年前，官方所有課程控制和決策權，包括決定日課表、課程大綱、教科書、設備、教學方法和評價等方面的權力，都集中在地方教育局手上。實際上，地方政府並未有效地行使這種權力。各地方教育局並沒有實行一致的課程政策。由於地方局不願意介入，課程權力轉移至學校教師或國家的不同機構手上。

國家諮詢機構有相當的影響。教育與科學部建立了大量針對各個層級教育的調查委員會，如針對小學教育的普洛登報告書（DES, 1967），或針對普通課程領域的調查委員會（Bullock, 1975），其報告書常成為教師的指導。十九世紀末後，許多有關課程事務，尤其是針對具體學科教學的報告，都經過皇家督學發布。最近中央政府有關課程的規定都是基於中央政府對課程事務的歷史已久的、非正式建議的傳統。

一些準官方諮詢機構也有相當的影響力。學校委員會（Schools Council, 1965-1983）針對課程事務作許多諮詢報告。雖然學校委員會由政府建立，但它的成員包括一大批教學人員。它的建議和報告大多是容斟酌的而不是規定性的，反映了課程改革須在個別學校中進行，由教師領導的觀點。隨著學校委員會的廢除，教師在國家官方課程機構中的代表地位減弱。

　　學校委員會廢除後建立的學校考試委員會（Schools Examination Council）負責考試機構之間的聯絡工作。這些或全國性或地方性的考試機構是相互獨立的。八個普通教育證書（後來是六個普通中等教育證書）考試機構主要設在大學內。由哪個團體控制這些考試機構，則它要求對中等教育課程影響最大。大學學者理所當然地透過考試委員會對維持專門化學術性課程起了主要影響。

　　1988年教育改革法改變了這個權力平衡關係，教育與科學部最終控制了義務教育科目、學習計劃、學業目標和評價程序。細節由各委員會和教育家工作小組制定，另外還有國定課程和學校考試及評量委員會等。最主要的是國務大臣有更大的權力否決這些組織的建議。中央政府外的專業教育家們在決定課程細節方面的權力是否還會被削減還需拭目以待。

　　認為教師控制學校課程的觀點，和認為政府從70年代開始施加更多影響的觀點似乎都有道理；但如果我們僅參照官方的課程控制結構的話，其論據是不充分的。對教師權力和中央政府日益增長的影響力的調查，必須結合對英

國學校課程有顯著影響的非正式權力機構的調查來進行。

課程控制的政治

要考查課程控制的眞正發展過程，首先必須分析這些問題：爲什麼即使處在民主化進程的壓力和對職業教育的要求之下，要素主義傳統的地位還是如此牢固？哪類團體維護了專門化人文課程的顯著地位？其它對保持不同看法的團體在近幾年又如何試圖動搖它的地位？

首先該考查的或許是教師的權力。1945至1975年間，中央和地方政府的官員們幾乎從未堅持過應教哪些具體科目，每個科目的具體內容應該如何。事實上教師們決定教什麼，如何教。

有人認爲，教師對課程的控制權的產生原因是：1945年後的20年中，教育部、地方教育局和教師聯合會（其中最大的是全國教師聯合會）主要領導人對該問題的非正規安排。這些代表他們所支持的不同政治力量的官員經常爲決定地方和國家的教育政策聚會討論。這個安排是，教育部掌握經費和資源，地方教育當局決定學校組織和地方教育設施，而教師則控制課程（Manzer, 1970）。

由於學校教師決心繼續教他們認爲更適合於個別兒童的教學內容，從而保持了教師個人的選擇權，使中央政府控制課程的能力被削弱了。

教師並未組成統一的團體。不同教師團體的興趣不同。哪類教師——課堂教師、學科主任（特別是中等學校），還是中小學校長，對課程有最大控制權不是一直很

明確的。而後兩種教師的影響力更大。在大多數情況下，教師對課程的控制權指這些精英教師而不是大多數教師對課程的控制權（Richardson, 1973）。在有些學校中，課程控制權就更分散了。

教師受外部壓力的制約，特別是來自高等教育體系的壓力，這一壓力是他們不能夠抵擋並可能願意接受的。藉由考試機構的作用（GCE或GCSE），大學對中學教師的控制被正式地維持下來。即使教師、中央政府或地方政府有一定代表性，大學還是透過這些考試機構行使了最終的控制權。大學透過使用為大學招生作準備的考試而實現對考試機構的控制是非常明顯的。

那麼問題在於，為什麼那些不接受政府對課程的干預的教師，卻接受了大學學者們通過入學考試大綱的影響？答案似乎在於，那些中學教師們主要受他們曾在其中接受教育的大學或其他高等院校所堅持的學科分化的觀念所左右。

學科專門分化的觀念在教師中得到強烈的認同。學科聯合曾在教師中產生一定影響。圍繞學術性學科的等級建立起來的學校課程與組織，將教師與教師分離開來並破壞了對於學生的課程統一性（Bernstein, 1977）。即使宣稱是「進步主義」的學校，它們在一段時期內取消了正規班級制和時間表，代之以師生個人接觸的形式，但還是未能說服「進步」教師們按科際整合教學的需要放棄他們原來的學科理念。

大學內的教育研究機構可能有一些相反的影響。這些

機構有支持兒童中心觀點的傳統，如普洛登委員會就支持兒童中心論和一些關於教育過程的激進觀點，這些觀點可能對教師有一定影響。但對師範生來說，他們對所接受的教育課程遠不如對專業課程重視。許多中學教師的特徵在於他們更重視他們所教的課程而不是「進步主義」教學法的實施。

英國課程控制政治中，除教師的控制權這一特徵外，另一顯著的特徵是政府監督不力。兩個監督機構成員──皇家督學和地方教育局顧問的職能僅限於向教師提建議而不是指導教師。皇家督學委員會的地位較高，但它對於個別學校或教育總體所做的報告都沒有指令作用。雖然70年代中期，隨著中央政府對課程事務控制的加強，皇家督學的地位有所增高，但它的主要貢獻似乎只在於提供意見。他們的無能以及對督學們較為同情教師觀點的懷疑，使中央政府在制定國定課程和職業化傾向課程時不向他們徵求意見 (Lawton and Gordon, 1987)。

撇開70年代後政府對課程事務的更多干預，教育體系外的團體對課程的影響是有限的。雇主對主流教育的課程的影響很小。雇主組織（特別是英國工業聯合會）除了抱怨學校為他們教育出來的雇員缺乏積極性、學業成就差以外，他們幾乎未提出過課程方面的建設性建設。事實上，雇主們在選擇雇員時主要參考傳統的學校證書和高等教育證書。在他擇中高級雇員時，他們情願選擇受較高級傳統教育的學生。

雇主寧願自己提供「在職」職業教育。他們對課程事

務的參與主要體現在繼續教育中的職業資格課程上。人力服務委員會（MSC）對較低層次職業教育和資格的控制表明，雇主們對這些層次的影響可能被削弱了。

傳統上，英國家長對課程決策並無影響。十九世紀在高度城市化社會實施普及義務教育，教師和家長之間出現了一種互相砥觸的傳統。十八世紀晚期後社會高層人士傾向於將他們的子女送入寄宿學校，不管學校為他們的子女提供怎樣的教育。教師不願就課程問題徵求家長意見，家長也很少干預。

除了70年代中期後政府要求加強消費者對教育的控制權外，在強化家長對課程的顧問作用方面所做無幾。1980年教育法規定學校管理機構內必須有家長代表，1981年教育法則允許家長為自己的孩子自由選擇學校。但兩法都未推行1977年泰勒（Taylor）委員會的建議，即中小學校長在徵得政府機構同意的情況下，有權決定普通課程目標的建議。顧客權力僅限於有權在各種教育設施之間作出選擇，不是指有權要求設立特定的設施。

任何試圖減弱英國學校課程中要素主義地位的努力都肯定會導致這樣的後果，或是減輕中小學校長和大學學者對課程實踐的影響，或說服這兩個團體改變姿態。而1976年後的政府行動表明沒有這兩個團體的合作，要改變課程實踐是不可能的。

並不是所有教師和學者都反對變革，尤其是在許多教師都贊同兒童中心課程觀，而僵化的大學入學體制可能最終導致大學入學人數減少、學術生涯受到損害的情況下。

但是，對有價值知識的要素主義傳統在這兩個團體中已根深蒂固，如果不改變深層價值觀就進行課程大變動，勢必會遭到強烈的阻抗。

結論

英國教育的要素主義傳統受到的挑戰來自兩個方面。首先，小學和一些中學低年級已經採用以兒童中心哲學為基礎的課程。從十九世紀中期始，這一運動就取得了進展並獲得很大的成功。然而，1988年教育改革法卻使它停滯了。

其次，從70年代中期以後就存在將職業教育因素納入課程，特別是14歲以上低學業學生課程中去的持續努力。這些努力的結果目前還難以度量。

然而，主流學校教育體系中，為大部分14歲以上兒童設立的課程計劃中的要素主義傳統並未受到真正的挑戰。從教師和大學學者的立場，以及雇主在招工時的態度都可以看出，要素主義傳統是根深蒂固的。

註：在蘇格蘭的教育中，具有深厚的百科全書主義傳統，其中等教育和高等教育的內容與英格蘭十九世紀和二十世紀的課程截然不同。蘇格蘭的課程科目繁多、基礎寬泛，與英格蘭教育內容的專門化和狹窄對比鮮明。但是，在二十世紀晚期，蘇格蘭教育逐漸被英格蘭教育所同化。

3 普遍知識與法國課程

二次大戰的結束推進了法國的教育改革。曾經戰敗並且被占領的整個國家都需重建。首先必須廢除的是維琪（Vichy）傀儡政府的納粹化教育體制。1947年郎之萬——瓦龍（Langevin——Wallon）委員會認為教育必須對所有18歲以下的兒童和年輕人開放，進入所有教育機構的機會都應均等。

直到1958年戴高樂（Charles de Gaulle）當選法蘭西第五共和國總統之後，中等教育才向所有人開放，各級教育層次的民主化進程才真正開始。當時法國正在經歷一場經濟革命，使原來的農業工業化成為高技術經濟的城市化社會。教育機會的民主化是經濟與政治的迫切需要。

法國的這些變化與1789年大革命來建立的百科全書式的課程傳統是相對立的。十九世紀末和二十世紀初大百科全書式知識觀的據點，是社會和知識上最英才化的中學——國立中學（lycees）及由它輸送生源的高等學校。教育機會的民主化對百科全書式傳統的合理性提出了疑問。二十世紀後半葉法國有關課程的爭論主要論題是：該如何

改進這一主要傳統才能使它適應大眾化中等教育的需要。

什麼知識？

　　關於百科全書式傳統的哲學與教學論由十七世紀的作家，尤其是夸美紐斯（Comenius）提出。但它在法國教育思想中的中心地位的確立，主要歸功於笛卡爾（Descartes）的理性哲學和十八世紀百科全書派學者，如孟德斯鳩（Montesquieu）等關於社會改革的啓蒙觀點。而後者影響了1789年大革命後的革命政府。事實上，將百科全書式的知識觀與教育（課程）政策相結合的最好例證，是1792年提交國民議會的孔多塞（Condorcet）教育改革計劃（見Barnard, 1970）。

　　百科全書觀有三個特徵。第一個特徵是理性（rationality）原則。那些最具有一致的理性結構，最能促進學生理性發展的學科是最重要的。在十九世紀，古典語言和哲學最重要。到二十世紀，數學和物理科學享有最高的地位。表現藝術和體育地位很低。傳統法國中學課程幾乎完全是智性課程。

　　第二個特徵是普遍性（universality）。其普遍性表現在兩個方面：第一，所有學生必須盡可能多地掌握各種「有價值」知識。早期學習不應分科，因爲這可能導致排斥有效學科的現象。第二，所有學生在相同時間和次序中應普遍地學習相同的知識。在整個法國的所有學校的同年級學生都按相同步驟學習相同知識，課程是全國統一的。

第三個特徵是實用性（utility）。這對於十八世紀的百科全書派學者和1789年的革命家們都至關重要。因爲他們相信可以透過改革和有效的中央政府管理來實現社會進步。而社會、經濟、政治和技術的組織可以藉由理性思考和理性知識的運用來實現。

　　十九世紀保守政府（包括帝制和共和制）執政期間，功利主義原則被忽視了。它在二十世紀末教育政策中重新獲得了重要地位。職業與技術教育的地位得以承認，因爲它有助於社會的經濟發展。但職業和技術教育從傳統課程觀來看也是具有價值的，因爲它基於理性知識（常常是「純」物理科學）。

　　至於，百科全書三大原則中哪一條最重要，什麼學科應受到特殊關注的問題，曾有過爭論。十九世紀保守時代「教育的基本目的是使學生欣賞古希臘和羅馬的巨著，並能明智地效仿它們」（Durkheim, 1977）。這一觀點在二十世紀後半葉遭到了挑戰。最顯著的例子就是拉丁語不再是初中的核心課程，以及60年代高中最重要的課程由原先的拉丁語改爲數學和物理科學。

　　法國的有些教育目標並不是根據百科全書原則制定的。教育的民主化使人們接受了學生的個別差異和個人需要的差異的觀念。家庭的社會角色變化使學校承擔了社會化功能，使學校須傳授道德和表現的知識，而這些知識不符合百科全書知識原則。這兩個例子說明，百科全書主義殘存的主導地位與新的課程趨動力之間是有衝突的。

　　例如，對兒童中心哲學的支持僅僅是邊際性的。兒童

中心哲學對小學課程是產生了一些影響。但也基本上未觸
及法語及數學等核心課程的教學。在初中階級，兒童中心
觀被應用於能力較差的學生，而沒有被應用到主流課程中
（Nieser, 1979）。

　　法國的課程爭論基本上未動搖百科全書主義的基本假
設。很少有人建議採用其他課程理論。但是，如果在二十
世紀末的高度工業化社會中想要在民主教育體系中提供有
效的教育，就不能不改變十九世紀和二十世紀初一直推行
的國立高中的百科全書課程。

為哪些學生？

　　1958年後，隨著技術經濟的發展，教育機會得以擴展。
城市化速度加快，移民（特別是從北非和葡萄牙來的）增
加，家庭和社會關係變化，對人類基本權利的看法有所更
新。這些廣泛的社會變化對教育提出了新要求，對現存教
育內容提出了質疑。

　　1945年，大多數法國成年人都受過6至14歲期間的基礎
教育。中等和高等教育是為經過嚴格選拔的未來精英服務
的。到1980年，90％3歲兒童和100％4歲兒童都進入幼兒
園。初等教育成了普及初中教育的預備階段，而不是一個
終結性的正規教育體系。在鄰近地區綜合中學中提供普及
初中教育。約80％的高中年齡組成員進入普通高中和職業
高中。30％相關年齡組的成員受高等教育。

　　百科全書式課程在這樣的教育制度中運作：嚴格的智

力型中學知識的學習者只占相關年齡組成員的20%以下，而這些人最終經過高等教育階段獲得傳統的高地位職業。教育完全是學術性的。60年代和70年代的諸多變化使學校教育具有更廣的社會經濟功能，同時擴大了受這類教育的學生的範圍。

初等教育

學前教育和小學教育的內容受社會經濟變化的影響有可能是最少的。傳統上，中學前教育必須在一定程度上與家庭和地方環境相聯繫，將十九世紀形形色色的農業社會現象反映到普及國立小學教育的內容之中。

十九世紀，初等學校的功能是維護社會穩定及選拔小職員。課程是全國統一課程，畢業時進行全國統考。但也存在著將初等教育與農村兒童生活聯繫起來的傳統。教育體系中有標準化的法語、數學、歷史和地理等教學大綱，但這種體系對大部分將成為農民的農民子弟壓力不大。

1959年開始普及中等教育後，初等教育課程比較寬鬆。標準化智力型的法語、數學教學大綱與一些彈性更大的「激發好奇心」的活動所占比重相當。

從某個角度看，人們還是希望法國小學遵循百科全書式的傳統。小學生在各個年級末必須達到一定的學術標準的傳統得以延續，而這一傳統與百科全書派有關所有人必須掌握一定標準的知識的觀點是相一致的。因此，到1982至1983年，法國小學生中每個年級都有10%至15%的人被強迫留級。實際上，要是小學生在一年級沒有學會流利地

閱讀，他就不能升入二年級。

中等教育

有關哪些學生學習何種知識的主要爭論集中在中等教育和中等後教育。二十世紀上半葉，只有少數國立基礎教育學校的學生經考試被選入英才教育性質的中學。到1963年根據富歇（Fouchet）法案開始設立綜合性街道中學（80年代被命名為統一初中或初中）。這類學校為11至15或16歲的學生開設。為追求機會均等，要求所有學生都學習相同課程。

事實上，這一目標並未實現，綜合中學中出現了三種不同能力的小組。最好小組中的學生在二年級後開始學習經典語言或第二外語等附加課程。中等小組中的學生主要學習核心課程。最差的小組中的學生（約占25％），僅學習幾門有限的課程（集中在法語、數學、手工幾門），與百科全書式中的普遍性要求相距甚遠。1975年的哈比（R. Haby）法案後，採取了各種手段來取消能力分組，並採用更靈活機動的定向分班體制。但是哈比教育改革及另一些努力，如1982年勒格朗（Legrand）委員會試圖在一年級進行混合能力教學的嘗試，都遭到學校教師們的拒絕。在實踐中，這種落後而嚴格的能力分組一直存在，儘管有時以偽裝的形式出現。

60年代，能力分組由於觀察（observation）和定向（orientation）的實施被合法化了。在初中前兩年，學生被持續觀察是否被安排在適宜的小組。然而事實上開始時

的分組很少有改動。初中的後兩年是定向階段，目的在於為學生最適宜的未來職業或教育作準備。但這種做法與80年代政府報告中所認可的教育機會充分均等的觀念是相衝突的。

能力分組的發展表明了百科全書式的嚴密性與民主化學校所要求的兒童能力、性向範圍的衝突。這種衝突也表現在組織形式上，如將教師的資歷與所教科目相結合作為評判教師級別的標準；以及保留小學留級制度，使20%至25%的學生不能按時進入四年級制初中。

百科全書原則指導下的法國中學除了無法為25%的低能力學生提供連續的有價值的教育外，還使得其它學生在16歲前的義務教育階段都得學習基本上相同的課程。1980年後，80%的初中畢業生進入義務後教育階段學習。

16歲義務教育結束後，課程則差別很大。學術性三年制普通高中的課程導向19歲左右進行的為大學入學而設的中學畢業會考證書。其核心課程是部分較為深入的學科。約35%的同年齡組學生在該類中學學習。其餘在職業中學接受各種全日制或部分時間制的職業訓練。這類學校中最低層次的教育是將初中最低能力組的學生培養成半熟練工人。最高層次的教育，有培養技師和初級管理人員的教育。中等層次的，是為培養熟練工人而設的部分時間制教育（受這類教育的人最多）。職業中學課程針對各類工作所需的技能而設。

作為高中結構的一個特別的分支，職業中學與百科全書主義觀點的相符之處在於：職業教育課程中有淺顯的數

學、物理學和生物科學等學科的課程。百科全書主義的實用性原則在這裡得到了體現，因為職業性很強的課程的學習也應以學習合理安排的學術性課程為基礎。

高等教育

理性和實用性的關係在高等教育中也有體現。聲望最高的教育機構是大學校（grandes ecoles）。這類大學藉由高層次的入學考試選拔學生，並與特定職業如工程師和公務員的培養相聯繫。但是大學校的實際課程主要側重於理性化的學術性學科。

甚至一般大學也依然履行它們古老的職能：如培養醫生和律師等傳統職業人員。1971年後的教育改革將大學重新組織教學與科學研究相結合的機構，為與工業化和城市化的法國相聯繫的學生的未來職業作準備。但這些學科的基礎還是集中在傳統學術性知識。因而按照慣例，法國的法律學位課程也包括哲學、政治學和經濟學學科。

短期高等教育機構也獲得了發展。技術學院（IUTs）1966年開始開設短期技術性學程。1971年後，老大學的學位（licence或maitrise）中設置了中期文憑（DEUG），以便使許多學生在學習兩年後參加工作。但很少有學生願意只學兩年拿中期文憑，況且許多雇主也對這種文憑抱懷疑態度。

在法國高等教育機構的課程必須符合日益擴展的社會需求和能力需求，必須符合法國工業化所帶來的技術需要和社會狀況而引起的教育體制的重新定位的條件下，百科

全書主義原則依然影響著課程選擇。

課程爭端

　　法國的課程制定者必須同時考慮新的教育總體目標和老的課程傳統。不同課程目標的支持者觀點不一，一批人認為教育必須作為基本人權提供、必須促進經濟發展、必須鼓勵社會適應，另一批人堅持傳統課程觀，認為理性知識最有價值，必須教給學生盡可能多的理性知識。課程爭端就圍繞著這一分歧進行。而課程制定者則試圖解決這些分歧。

為日後從事不同職業的學生提供共同課程？

　　百科全書主義課程觀和法國傳統教育行政機構都贊同在相同教學機構中向所有學生教授共同課程。一方面，百科全書主義的普遍性原則強調相同程度的學生學習相同的普遍知識，另一方面，法國的中央集權式教育行政制度意味著由中央制定相當細致的課程內容以便在各個學校統一實施。

　　1947年郎之萬──瓦龍報告後日益高漲的教育是基本人權，教育機會必須均等的呼聲強化了共同課程的地位。許多與教育有關的團體，包括教師聯合會、父母、主要政黨都將共同課程作為機會均等的標誌。1964年建立的綜合性初中的政策就是盡可能提供共同的課程。這意味著在新的中學中的許多學生，也就必須學習選擇性國立中學

（lycee）的傳統學術性課程。

徹底實施共同課程有三大障礙：首先，百科全書主義的普遍性原則要求所有學生掌握相應知識並達到一定的學術標準。由於許多學生不能達到這些標準，因而在初中為約25％的學生開設特別的課程。而這些學生往往是社會背景不利和在小學中學業成績落後的學生。

決策者並沒有消極地接受這一分化。他們制定了許多措施來防止在初中階段的嚴格分流。1975年教育部長哈比企圖取消1968年後出現的三軌能力分組，代之以數學、法語和現代語方面的鞏固課和深化課。哈比的努力失敗後，1982年勒格朗委員會又試圖在初中一年級進行完全混合能力教學，以彌補其失敗之處。

但是學校教師，特別是校長們都不願意執行混合能力教學，儘管全國教師聯合會提倡共同課程。這些教師們都持百科全書主義觀點，認為共同課程意味著學生達到相似的學術標準，如果部分學生很明顯不能達到這一標準，他們就必須學習不同的課程內容。

源自部分教師的這種阻力也反映了公眾對市立中學（college）學術標準低下並在下降的批評。巴黎的課程設計者不願減輕許多教學大綱的學術要求的做法，也使教師覺得要實行混合能力班級教學是不可能的。

實施混合能力教學的第二個障礙是教師的專業利益。初中教師的等級劃分與他們的學歷及所教學生的成就水準相聯繫，而不同等級教師的工作條件和工資待遇也不同。獲中學教師證書和大學畢業教師專業證書的優秀者，傳統

上教能力強的學生組。他們覺得一旦他們失去這一權利，他們的其他特權也會失去。只有當原先由小學教師升格而成的中、低能力組中學教師完全由獲大學文憑的教師替代，才能消除中學中的能力分組。

實施共同課程的第三個障礙是普通高中的學術性課程和專業高中的專業性課程的是顯著區別。在最高層次上，專業高中畢業會考證書與更學術性的普通高中中學畢業會考證書在地位上或升學機會上沒有實質性差異。下一層次的學程，專業教育文憑（BEP）學程，內容包括廣泛的理論課程和職業課程，在培養技師和管理人員方面享有一定地位。

培養熟練工人的專業能力證書（CAP）教育與基於理性知識的共同課程中的百科全書主義理念相距最遠。大部分專業中學的學生學習專門性和職業性都很強的專業能力證書教育課程。其專業有260個，通過率約40％，（而中學畢業會考通過率達70％以上）。初中畢業時的分流使約35％的學生受普通教育，其餘學生接受有限的職業教育。

不能簡單地將這一分流的原因歸結到教育者身上。國家經濟規劃假設了經濟發展所需的技術水平不同的工作之間的差別。高中教育規劃也受到了這些假設的影響。況且，1919年埃斯蒂埃（Astier）法將在工業內部進行的工匠訓練引入了教育體系，從而奠定了在國立教育體制中進行職業教育的傳統。從其優處看，這種做法為工匠訓練注入了更多理論知識和普通知識教育的因素，但它也擴大了普通高中和職業高中課程內容的差別。

百科全書主義傳統使科學和技術職業教育獲得了較高的地位。在大學和大學校中，工程和技術都是地位很高的學科。但同樣的學生卻不願在低層次的職業高中學習，因為那樣的話，他們就會受有限的職業教育，與高貴的職業無緣。

在學術性高中的學生分化為不同的專門方向。但所有方向的學程都導向大學入學證書——中學畢業會考證書（baccalaureat）。這些專門之間有著很大共同性。每個專門的學生都必須學習以法語（直至倒數第二學年）、數學、社會研究、外國語、科學和哲學（最後一學年）組成的核心課程。但是專門教育意味著對那些非專門課程學習相當膚淺，考試形式也只是簡單的口頭考試。

還有，雖然從理論上來說，各專門是平等的，但數學和物理科學專門的地位比文學、社會學、經濟學、生物學或工藝學等專門的地位高得多。數學和物理學專門的入學競爭很激烈。一些學生寧可複習一年初中課程內容再考，也不願選擇其它專門領域。

這種非正式的專門地位之差別對高等教育機構入學有著很大影響，並與學生的社會經濟背景密切相關。數學和物理科學專門學生大多來自高層社會團體，進入大學校或醫藥類高等大學，獲得較高社會地位的可能性也比較大（Neave, 1985）。普通（學術性）中學的專門化影響，除了法國教育部長關注過的，培養了以數學家為主的精英階層之外，還促進了高中教育的民主化進程。

法國學校課程中存在著高度的統一性。每一個市立中

學（college）的75％學生都學習基本相同的課程，課程內容或多或少相同。對大部分學生都要求達到合理的學業成績標準。但也有例外。學習成績最差的25％學生在較早的年紀就不再被要求達到這些標準。只有35％的學生能夠在聲望較高的普通高中學習。其原因在於，第一，百科全書主義課程要求較高的智力，以及較廣的學科範圍，這阻礙了25％的低能力學生學習共同課程。第二，受外部社會經濟結構和政府經濟規劃的影響，要求40％的初中學生都在16歲時進入職業教育分流。

個人主義和地方利益

百科全書主義是與集權主義政府如大革命時期政治和拿破崙1789至1815年統治時期的政治相聯繫的。在這種政治下，教育體系的目的在於推廣理性知識，爲建立全新的高度秩序化的社會服務。百科全書主義從未很輕易地考慮個人主義者和地方主義者的要求。

然而，法國文化和政治中有著它自由化、個人主義甚至無政府主義的一面，它們直接觝觸政府和教育中的集權制和百科全書主義精神。個人主義對教育也確有影響。它在1968年學生運動後集中體現在自由意志論中，並在70年代發展成爲地方主義，次文化主義，促使地方參與政治和教育事務。工業化和都市化導致的個人中心和消費膨脹也對學校發生了影響。除了這些發展以外，入學機會的民主化進程也使中等教育招收了更多在文化上和社會背景上不同於早先特權階級的成員。百科全書式課程的水準難以維

持。

　　地方主義、次文化主義和個人主義傳統上並未能被納入課程。在教育中，最大的「反對派」運動來自天主教會，特別是十九世紀80年代後國家教育政策直接成為反教權主義（anti-clericalism）的工具之後。然而即使如此，學生數占總學生數15％至20％的私立教會學校的課程，除特有的宗教教育之外，其它課程還是國家教育體系課程的翻版。教會學校課程和國家課程一樣，是百科全書式的。

　　在沒有影響到百科全書主義原則的情況下，一些要求地方文化自主的傾向在課程得到部分的回應。1951年起，允許將方言（布列塔尼語、奧克語、巴斯克語以及科西嘉語）列為中等教育課程之一（不需要考試），70年代後，允許將主要移民的語言（阿拉伯語和葡萄牙語）列入外語類主要課程（要考試）。這些做法稍稍有違百科全書主義普遍性原則，但卻符合理性原則，因為任何有邏輯結構的語法都可以列入理性知識體系之中。

　　同樣地，歷史課的內容也擴展到了非歐洲文明史。但這一新課程的內容組織形式與更保守的法國史和歐洲史的組織形式相同。法語教學大綱從60年代末，開始與兒童的日常用語結合，但重點還是放在法語結構和對文學名著的研習上。

　　將課程決策權交給地方政府或學校教師的完全分權制（decentralization）都未得到過許可。1972年法令規定學校有決定10％時間的課程內容的權力，這勉強算是鼓勵了地方課程決策。但其餘90％時間的課程依舊由中央控制。

教師甚至學生和家長對此的反應是：拒絕任何地方決策，情願將那10%的時間用於開設附加的主流課程。普遍性、標準化的統一課程受到教師和學生的支持，他們覺得即使勉強放棄其中的一小部分，也會威脅到教師的安全或學生升學的成功率。

一些國家層次的團體也同情個人主義的觀念，即強調人的個性中身體的、審美的、情感的和社會因素的觀念。國家政府在制訂課程時開始考慮更多非智力因素。但課程中這些方面的因素並未受到學校教師和學生的認真對待。60年代後，體育課在中學課程表中占了一席之地，但體育教學的任務總是由輔導員或臨時教師承擔，它的地位在學生和其他教師眼裡也低一些。藝術和音樂課程也遭受了相應的待遇。無論巴黎教育部發布什麼公告，百科全書主義觀點在學校中還是占主導地位，並悄悄地顚覆著教育部的企圖。

在個人主義的課程取向在法國學校中收效甚少的同時，學校受到了很多要求強調學校的社會化功能的壓力。傳統上，學校教育的功能主要在於智力與學術方面。社會和道德教育由家庭負責——在大多數法國小學在農村、大多數中學在小鎮上的情況下，這種是可行的。道德／社會教育在小學裡限於「倫理課」（morale）（主要針對日常生活行爲），在中學裡限於公民課（civics）。中學教師不承擔「牧師」職責。學校紀律由副校長和他的臨時助手（一般爲大學生）管理。

1982年勒格朗委員會規定，所有教師每周都必須做3小

時教化（pastoral）工作（規定的教學時間為每周15小時）。但是高年級教師徹底反對這一規定，因為這意味著他們將跟所有初中教師的工作時間相等。即使這一謹慎的提議也認可教化工作可以與學校主要教學活動分開。

這種忽視學校的社會適應功能的狀況造成了城市工業化社會中，普通中學所面臨的緊張狀態。人們鼓勵教師們注重個人和社會的關係，但課程的理智傳統則阻礙了有效的社會化功能的開發。

百科全書主義與知識爆炸

在採用建立在普遍性原則基礎上的百科全書主義課程原則時所面臨的最主要問題之一，是如何適應知識的增長。除了理性原則之外，其它兩個原則都面臨這一問題。因而出現了這樣一種趨勢：學生所必須學習的東西不斷增多，而相應的學習時間卻沒有增多。父母和其他人士普遍批評學生在積累一大堆資訊方面所花的時間太多了。

知識爆炸有兩個特徵：一是與科技或電腦科學有關的新學科不斷出現，二是傳統學科的知識邊界不斷擴展。而且放棄課程的現有因素的任何提議都會遭到有關團體的強烈反對。將新知識門類納入課程的建議比取消老門類的建議更易被採納。其結果不僅表現在要求學生掌握越來越多的資訊，而且，在實際上還導致許多課程趨於膚淺。

在高中允許部分專門化，這樣學生可以專心於他們的專門學科上。事實上他們對非專門的課程很不重視。有人指出，由於數學和物理科學的地位最高、最受重視，法國

學生並未獲得廣泛的普通性的學問。一些人感到，廣義的百科全書的知識觀現在已經被慢慢破壞了，對高能力學生進行全面教育的傳統被忽視了。

　　不管怎樣，百科全書主義的地位依然是很牢固的，儘管受到很多要求改變它或放棄它的壓力。問題在於哪些力量維護了這一傳統，它們又是如何起作用的。我們可以從分析課程控制和管理來考察這些力量。

課程控制和管理

　　哪些團體和個人有權改變課程或阻礙課程改革的實施？在法國，課程決策在高度中央集權的政府中進行。但和其他國家一樣，在法國也可以透過探究不同團體和這些團體在決策結構內外的相互作用來調查課程管理與控制的情況，這些團體包括：政治家、政府官員、專家學者、教師、父母、學生、雇主等等。

法國課程決策的官方結構

　　大多數有關公共教育的整體結構和組織以及教育資源分配的問題都在巴黎決定。地區、地方或學校享有的決策權很小，特別是在課程事務上。課程目標、內容、方法和評量主要由國家負責。

　　高度集權化的教育管理體制與百科全書主義課程觀的顯著地位是相聯繫的，因為百科全書主義強調知識的永恆性、標準的統一性，以個人興趣服從國家社會需要。

觀察學校教師和學生的狀況可以發現，巴黎教育部似乎成了中心磐石。每個年級的課程表、辦學方法和教學大綱都從巴黎下達。教育部還提供有關教科書的諮詢性建議。中等教育畢業考試也由教育部控制。督學監督教師以保證按國家課程教學，同時也影響了教學方法。

　　但是，從巴黎看，中央集權的這塊磐石好像更像不同觀點在上面論爭的論壇。各種不同的團體在不同的問題上起著不同的作用。它們在各種問題上權力鬥爭的結果也各不相同。

　　教育法令由教育部提出，交國民議會討論。在這一過程中，有相當廣的磋商餘地，各種不同團體都可以施加影響。這些影響中有一些是很正式的，比如，部際委員會中的其他政府機構，對國家教育高級委員會 (the Conseil Superieur de ÍEducation Nationale) 施加的影響，而國家教育高級委員會是教師、雇主和其他團體發表教育方面言論的論壇。

　　課程決策是一個專門化、封閉性和專業化較強的事務。教育部有關課程的法令和公告都由專家和教育部中選出的代表所組成的特別委員會 (ad hoc) 討論決定。委員會成員包括督學、教師代表和學者。課程規劃主要由專家控制，很少有外行干涉，但這些專家不僅僅是反映教育部觀點的官員。學校教師對課程管理也起主要影響，但其途徑是教師聯合會而不是個別學校。

　　60年代後，建立了一些課程委員會作為學科改革的諮詢機構。這些委員會的成員除國家督學外，大部分成員都

不是教育官員,而以大學學者居多。這些課程委員會包括:
有關法語教學的魯雪特 (Rouchette) 委員會 (1965) 和
埃瑪紐埃爾 (Emmanuel) 委員會 (1972) ,有關數學課
程的利什諾維茲 (Lichnerowicz) 委員會 (1966) ,有關
物理、化學和技術課程的拉格西 (Lagarrighe) 委員會
(1971) 。

　　這些委員會對傳統課程實踐提出了挑戰。魯雪特委員
會建議法語教學從兒童口語起步,而拉格西委員會建議在
初中課程中設立更多的工藝和技術課程。1972年的國家教
育顧問委員會更關心的是整體教育改革,提出必須改變國
家督學的職責,減弱其課程控制的職責,成為革新的學校
和中央行政之間的中介。

　　變革的主要方向是,政府在課程決策上吸取更多團體
的意見,特別是教育部所管轄的委員會的意見。透過對課
程的督導而進行集權控制的時代已經過去了。

　　但課程的形成和採用依然在國家層次進行,依然由專
業人員 (包括教師、督學和學者) 控制。學校僅僅有權決
定選擇教科書和其他補充材料以及教學方法,雖然即使在
這些方面中央也給予各種建議。

　　不管怎樣,官方結構並未表明哪些團體的實權最大。
重要的問題是哪些專業團體的影響最大,他們受哪些外部
壓力的牽制。

課程變革的政治
　　如果有一大批團體都試圖影響國家層面上的課程決

策，那麼哪一方的影響力最大？它們提出怎樣的要求？這些影響的結果如何？這些團體可劃分為兩種類型。一種是正式參與制定課程政策的團體：教育部官員、國家教師聯合會的代表和大學學者，另一種是施加非正式影響的團體，如：雇主、學校教師、其他部門的政府機構、大眾媒體、政黨、家長以及學生。這些團體可以勸說政府課程設計人員採納新政策或阻止國家層面決議的通過。

傳統上課程決策權由國家督學掌握。過去這些督學對有價值的知識和有效課程的觀念相當保守。60年代末和70年代，好幾位教育部長都試圖將其他團體特別是大學學者們，納入課程決策過程。這種觀念是有其背景的。過去的129名國家督學主要關注甄選性中學的教學（小學督學由地方指派）。他們主要是學科專家，因而傾向於維護他們的本學科在學校中的地位（Corbett, 1977）。督學們反對從課程中取消任何傳統知識或學科。課程的超負荷及一貫的理智主義可能與國家督學的權力有關。

當然，也有一些國家督學關心教育水平或非學科專門的問題，而不是課程門類問題。其中有一些提倡更為自由和個人化的課程（如研究法語教學的魯雪特委員會）。他們可能只占少數，但這些督學是課程改革的中堅力量，它提倡承認學生背景和興趣的多樣性。

國家督學的影響力可能正在減弱。法國教育行政改革削弱了它傳統的統治地位。從60年代開始，試圖精減教育部和其他政府部門的集權行政，以提高效率、一致性和行政速度，並將傳統中的咎責都歸因於集權制行政的緩慢、

臃腫和內在分裂。

削弱國家督學權力的舉措有二。第一是為提高效率而進行的從中央到地方的權力下放（不包括對分權的政治討論）。這一措施增強了地方督學的權力。第二是教育部為提高效率在部門內完善了管理機制。這對新的專業行政官員的影響，比對老的教育官員的影響更大（Broadfoot, 1985）。這些新官員並非專司課程事務，但他們的權力提昇削弱了傳統督學的影響（包括在課程方面的影響）。

教師代表在課程設計委員會中占一席之地的情況已為時已久。教師對課程決策沒有影響的觀點是錯的。他們透過他們在國家教師聯合會的代表，完全地、正式地參與課程決策。但一般來說，教師並不是課程改革的強烈倡導者。他們的態度趨於傳統和保守，因為教師們傾向於維護他們的學科專門，維護他們等級的特權。在這一分等級的專業中，明哲保身的做法可能會影響課程改革計劃的實施。

主要的教師聯合會（除了最精英的中學教師聯合會外），都強烈支持共同課程，在共同課程下，不同學生可以在均等的機會中得到平行對待。教師還傾向支持全法課程統一化，原因部分在於他們覺得這能維護他們的專業地位。

大學學者被邀請加入課程決策圈，特別是60年代以後。這一團體對課程改革的影響不明。新知識領域的專家可以借助他們的權威將這些學科納入課程。因此，大學中研究克爾特語（Celtic）的新系科就要求提高學校課程中地方語的地位。教育學教授，比如勒格朗在1982年提倡學

生中心的課程計劃。

　　然而，大多數大學學者都傾向於維護傳統的知識分類，因為他們的社會地位部分基於這種分類（Bourdieu, 1984）。他們的整體姿態是鼓勵高中學生的進一步專門化，以更好地適應大學學習的需要。大學學者的總體影響是強化傳統學術性學科的地位和百科全書主義知識觀（雖然，其提倡的專門範圍可能超出了舊有百科全書主義所允許的範圍）。

　　在每個參與官方課程決策的團體中都有激進者和改革派。但每個團體的主流又都是保守的和傳統的。有關課程改革的主要壓力來自政府機構外部，雖然這些壓力是否有效將取決於在課程事務上有正式權力的團體成員的反應。

　　從50年代末期開始，各類有關課程改革的壓力中，最顯著的是為擴展技術與職業教育而施加的壓力。壓力來自雇主，但這些壓力的最強烈的體現則是國家經濟部對教育決策的影響。50年代末後，國家進行規劃和干預以促進法國經濟的發展。國家經濟規劃的集中體現是國家經濟發展四年計劃。在這些計劃中，政府為訓練未來所需的工人制定了特定的教育目標，雖然最近的計劃中包括了社會取向的教育目標。

　　經濟計劃影響課程決策的過程是：部際委員會向每個部指明與經濟計劃相吻合的特別目標。教育部從上級獲得有關技術與職業教育的指示（正如改變科學和其他學科在課程中的比例的目標）。教育部預算中的資源也按部際委員會為完成經濟目標而指定的教育種類分派經費。

，　我們也不能誇大經濟利益的力量。首先，雖然雇主也是主要教育諮詢委員會的代表，他們在特殊領域的技術與職業教育的課程細節方面的影響相對來說較小。1919年埃斯蒂埃法以後，青年工人的職業預備教育都在政府開辦的職業高中進行，主要的財務經費則來自對雇主所課的培訓稅。因此雇主並不直接控制職業教育內容。

其次，政府可能為科學和技術教育分派資源（即培訓師資及提供設備和設施），但教育部課程委員會和從事課堂教學的教師可能會試圖減少課程的職業性。

第三，即使提供了相應的科學和職業技術教育，也並不意味著學生們會選擇這些方向。有關考慮學生所作的選擇的本質和重要程度我們將在下文中討論，但確實存在著科學和職業教育資源因學生很少選求，而被棄之不用的現象。

在國家層面上，一些其他有影響力的組織團體也影響了課程決策。這種團體確實存在，並且有例可證，它們單獨對課程發生了影響。有一個團體成功地藉由大眾媒體和電視使人們接受了在學校中進行性教育的概念（Beattie, 1976）。地方團體使用國家政治手段來為地方語在課程中爭得一席之地。但是一般來說，政黨、教師聯合會、家長協會等非官方團體在國家層面上施加的壓力，主要在入學機會均等方面而不是在課程方面。

雖然官方課程決策主要集中在國家層面上，但學校層面上的團體也有一些非正式影響。有關資料表明，父母要求小學階段實行更為個人主義的教育，並減少書呆子

（bookish）教育的呼聲（特別是60年代後），在實踐上使教師的教學方法更爲自由多樣了。在中學和小學，有些教師試驗用不同的教學方法和特殊媒體進行教學。在許多學校中也有許多官方發起的教育實驗。1982年教育部長薩瓦里（Savary）建議教育部考慮爲個別學校提出適宜的課程改革方案。

在大多數情況下，教師的反應是消極的。1975年哈比改革中讓教師將課程與學生的背景和興趣相結合的主張，被大多數教師置之不理。最後，儘管督學在要求教師改變方面施加了壓力（在教師被分配到各學校去的制度中，這一做法是很關鍵的），但教師在他們的教學內容和方法方面還是有很大的自主權。完善的班級制中的教師，即使在高效率和高度集權的教育體制中，在關上的教室門內也有實際上很大的自由度。這種權力在他們選擇來遵循傳統實務而忽視國家有關課程改革的規定的情形中，得到了集中體現。

另一關鍵的影響因素是學生的選擇（和父母對選擇的指導）。在初中畢業升學時，因允許選擇學習類型和方向，這一因素起的作用很大。而這些選擇可能會影響到初中學程中非正式的優先權。進高中時選擇數學和物理科學的學生很多，這種趨勢反映了學生和家長對這些知識的價值判斷（雖然從理論上說是對廣泛的經驗和勞動力市場狀況的反映）課程的消費者對變革的實施有最終的決定性影響。

堅持百科全書傳統是享有決定官方課程的主要權力的團體。其中最堅定的支持者是督學和教師，其次是大學學

者,他們因爲各種專業原因,更多的是思想觀念上的原因,試圖維持建立在百科全書主義之理性原則和普遍性原則基礎上的學校課程。而經濟利益,特別是政府的經濟利益則試圖在百科全書原則之內使課程的科學和技術傾向方面有所增強。

即使在專業人員內部,也有反對百科全書主義的團體,它們獲得了外部的充分支持,特別是一些政黨的支持,從而影響了課程變革。事實上,直到60年代前,英才課程必須建立在古典語言的基礎上的觀點,在一些重要專業團體之間還很牢固,但他們爲維持人文課程的奮戰還是失敗了——1968年開始只在初中最高能力組教拉丁語就是一個例證。而僅僅根據過去的奮戰情況並不能推測未來課程權力論爭的態度。

結論

以上的分析傾向於將法國的百科全書課程觀作爲傳統的、保守的,以及不適應城市工業化和社會民主化的學校體系中的學生需要的觀點來看待。百科全書原則被那些不想接受必要變革的人應用到課程決策過程中。

這一觀點是片面的,並且不完全是公平的。基於它從大多數社會成員的利益出發來改造社會的觀點,百科全書主義還是革命性的。可以說法國的百科全書主義課程在平等對待學生方面是一些其他國家無可比擬的,特別是像英國這樣具有更英才化課程傳統的國家。還可以說,60年代

後，百科全書主義課程適應了法國經濟變革的需要。並且，毫無疑問，法國教育體系培養出了令其他國家眼紅的高品質工程師和技術人員。法國行政人才的理智水平和專業素質也讓人羨慕不已。這一切可能都與百科全書主義課程有關。

法國課程決策者所面臨的挑戰是：一方面要維持百科全書主義課程不可否認的價值；另一方面又要調整教學，使之適應廣泛的政治和社會變革所引起的個人以及社會期望。

法國解決這一問題的結果受到國際性的關注。許多非工業化國家（和工業化國家，如蘇聯）都採取了百科全書主義課程模式的一些方面。他們面臨著一些與法國相似的問題和他們自己所特別關注的問題。至於其他「百科全書主義」國家如何看待這些問題，這將在以後的章節中討論。

4 全民教育體系中的課程多元化
——美國

　　二戰後大部分美國人精神樂觀，對教育和自己的知識觀信心十足。與西方和蘇聯的同盟軍及他們的敵人相反，他們既未受到侵略也未受到轟炸。美國孩子既未受到被占領的創傷也未因空襲而遭遣散。而且，當時美國已形成了試圖適應「所有美國青年人」需要的教育體系。

　　對普及教育的樂觀主義和信心可追溯到1642年的麻塞諸塞州的有關義務教育原則的「老魔鬼撒旦法」（Old Deluder Satan Act），它可以解釋美國在建立聯合國和聯合國教科文組織（Unesco）時的領導地位。聯合國教科文組織的許多觀點都來自美國，聯合國的世界人權宣言中也結合了美國人的觀點。美國人向全世界展示了他們國家在十九世紀和二十世紀上半葉取得的成就：建立在「人生而平等」原則之上的普及教育。

誰該受教育？

　　美國人對教育的信心是隨著以下事件發展而來的：獨

立戰爭後，麻塞諸塞州和其他州陸續建立了八年制全民初等學校制度：內戰後1874年，密西根州（Michigan）高級法院對卡拉馬祖（Kalamazoo）事件的判決規定高中可以從公共基金中抽取資金；1896年聯邦高級法院規定對白人和黑人提供的教育設施不應該分開，除非對他們提供的設施是同等的。這些規定都在教育中得以應用。相應地，到1945年，對初等和中等教育的需求基本上已滿足（雖然並不平等）。其體系是六年初等教育，三年初中和三年高中。四年制人文藝術學院（liberal arts colleges）頒發各類學士學位，大學具備頒發研究生學位的資格，還有招收高中畢業生的兩年制初級學院（junior colleges），進行終結性職業教育或為四年制學士學位作準備的教育。

在這一體系中，學生從小學升初中到升高中的過程都不必經過歐洲式的選擇性考試。任何學校都招收各種能力不同的學生。相應的，早在歐洲教育家開始注意到課程設計必須針對不同智力水平組進行的問題之前，美國人已經著手處理這一問題並設計了實用主義的課程理論。

這些與奠立在歐洲理論淵源基礎上的英才教育體系大相逕庭的深遠變化的結果是：一些外國觀察家甚至美國批評家都認為美國的大學入學標準遠遠低於歐洲，美國學院或大學教育的前兩年無異於為高中畢業生補上中等教育課程。但是，1945年美國教育發展已上了一個台階，而歐洲學校體制卻百廢待興。由於這一原因，美國將教育作為人類的基本權利來發展教育以解決各類教育問題的做法是建設性的。

比如，文化的多樣性（diversity）使教育設施不平等的現象加劇。最高法院經常引用憲法的第一個修正案以拒絕向宗教學校特別是天主教學校提供同等的公共基金資助。黑人雖然在內戰後獲得了解放，但他們還不得不為平等而鬥爭。這兩種團體與「白種盎格魯薩克遜（Anglo-Saxon）清教徒」相比，處境都是不利的。從1945年起，他們開始努力使設施平等化。1964年高等法院否定了1896年「隔離但平等」（Separate but Equal）的規定，提出種族隔離學校本質上是不平等的。在1965年初等和中等學校法及同時期的機會均等立法中，聯邦試圖使教育設施平等化，並透過補償教育使全國教育結果平等化。另一方面，最高法院仍然反對向宗教團體提供用於發展教育的公共基金。這些法令使羅馬天主教處於十分不利的境地之中。其原因主要是政治原因而非教育。

另一方面，人類基本權利的觀念被用於說服地方政府使所有公立學校都有黑人和白人學生同校。有心智的或身體的缺陷並需要有特殊照顧的兒童的父母，成功地促成了保證他們孩子進入正常學校而不是特殊學校的立法。為了給語言不同的少數民族兒童以平等的教育機會，設計了母語教學。但每人的教育經費的顯著差別表明，教育結果的明顯不平等不可能消失。

然而，在教育機會平等方面的努力的失敗，並不能抹殺美國1945年後為每個人提供在一生中都可受靈活的、學生中心的教育體制之教育運動的成功。對美國人來說，戰後的首要教育問題是如何擴大學院和大學中的第三級教

育，以便使每個需要受此教育的人都能受到這類教育。約二百萬退伍文職人員受惠於基爾法案（GI Bill），進入高等教育機構學習。約三千五百萬退伍軍人受較低層次的教育，還有三百萬人學習商業、手工業和工業課程。

在美國，為適應各種不同教育背景和興趣的人的需要，而出現高等教育的大擴展，使美國很難出現部分大學學者控制高中教育內容的現象。從小學到初中到高中的升學無須經過選擇性考試，則使各級教師們在選擇教育內容方面享有極大自由。十九世紀哈佛校長艾略特（Eliot）關於任何學科都可在哈佛教授的名言，為「什麼知識最有價值」和「誰該受教育？」的觀念提供了很廣的餘地。

什麼知識最有價值？

獨立宣言、憲法及其修正案（關於人權的法案）為美國的政治論壇提供了框架。教育討論的倡導者要求，任何教育討論都要以「教育是人的基本權利」為基礎。這一基本觀點是不容置疑的。爭論得最多的是如何實施這一信念的問題，爭論焦點是課程、大學入學要求和傳統高層次學科的學業標準。討論者們的衝突主要反映他們對社會變革、個人需要和知識的永恆性的不同看法。

杜威思想的關鍵在於，他幾乎徹底擺棄了柏拉圖關於知識、社會和個人的看法——在柏拉圖看來，變化是一種墮落過程。杜威同樣反對柏拉圖認為只有少數潛在的「哲學王」才有權去獲得不變的真正知識和永恆的「理念」

(ideas) 的理論。因此杜威對大學和學校課本中有價值的抽象知識及「實際知識」不作劃分。他反對如下的假設：理念知識適合於培養社會領袖，而職業技能則培養木匠、鞋匠和類似人員。

　　杜威認為這些傳統的二元論 (dualism) 和二分法 (dichotomy) 降低了應用科學相對於純科學的地位，並為體力勞動與腦力勞動，自由教育與職業訓練的對立提供了辯護。所有實用主義者都認為知識不是永恆的而是猜想性的，不是普遍性的而是偶然性的，知識不可能在忽視世界經驗變化的情況下獲得。這些新的知識論對1900年後美國的課程理論產生了深遠的影響。大多數教育學教授接受了這種理論，但也有一些哲學家，如哥倫比亞大學教育學院的拜格雷 (B. C. Bagley)，古怪兮兮的的芝加哥大學校長赫欽斯 (R. M. Hutchins)，哥倫比亞教育學院費尼克斯 (P. Phenix) 等，反對這一理論。儘管在美國實用主義得到了廣泛的認可，但還是經常有人批判建立在實用主義原則基礎上的高中課程。

　　衝突主要圍繞兒童中心、社會中心和知識中心課程的相對優缺點展開。實用主義者提倡兒童中心和社會中心理論，輕視學科中心課程理論。他們用新的視野來定義知識，並強調知識在變化中的民主社會中的新地位。杜威認為，教育必須防止使學生變為新組織社會中的人質。知識必須幫助他們控制，而不是簡單地接受政治事件。因此，實用主義課程不是建立在事先選擇好的知識基礎上的。在實用主義課程中，常常是經選擇的問題決定了課程中的資訊和

經驗。1918年，「中等教育重建委員會」在考慮中等教育原則的時候，就為提出合理的普通教育課程應由健康生活、優秀的家庭成員、職業成功、公民職責、有意義地使用閒暇時間、倫理特性、對基礎過程的要求等問題組成。問題解決過程，作為基本的重要教育過程，必須建立在個人的獨立思考能力而不是固有知識的基礎上。對杜威來說「反思」（reflective thinking）與「科學思考」是同義語，因此科學的方法必須作為美國學校的教學方法使用。

對實用主義者來說，科學思考的步驟不同於亞里斯多德、培根和十九世紀的哲學家像孔德和穆勒所認為的那種：在對「事實」進行的仔細搜集與分類的基礎上，進行歸納概括。相反，杜威強調，兒童在玩的時候用嘗試和錯誤解決問題時所運用的方法是真正的科學方法。這種信念為他的追隨者們提出：「將遊戲作為教學方法」，「從做中學」和「從經驗中學」等口號提供了依據。科學方法旨在解決問題過程中的運用智慧，這一活動可由所有成員集體參與。這一課程理論及相應的智力觀認為，將教育擴展到所有的人能使所有人都從中受益，從而使社會從中獲益。

如前所述，杜威的理論在30年代不僅為哥倫比亞大學教育學院的學者們所接受，而且為許多教育學教授所接受。他們影響了每個地方的教育學教授並贏得了加入「進步教育協會」（Progressive Education Association）的教師們的支持。這一協會到1955年只剩一個主席、一個秘書、兩個成員和一個外籍訪問者，因而宣告關閉。但當

時它已達到了它的目的：它的對手們再也不可能重新完全控制美國課程了。實用主義課程的反對者有美國學者和他們在工業界及商界的同盟者。在大多數國家，大學學者都是「有價值知識」的衛士。他們的自主權和自由權使他們有權決定大學中應該教什麼。由於他們有權透過選擇性考試而限制入學者的知識範圍，他們的影響擴展到整個教育體系。美國大學學者們決定第三級學院的教學內容，影響中等學校教學內容，但他們的權力因為技術類學院也含括在大學體系內而被削弱了。現在屬美國最著名的大學之一的政府贈地學院（Land Grant Colledge）就是根據1862年莫雷爾法（Morill Act）中促進農業和工業經濟發展所需的學科發展的條款而建立的。其他1870年之後建立的學院如約翰霍普金斯（Hopkins）大學和芝加哥大學則深受來自德國的教授們注重研究而不是大學教學的影響。

相應地，傳統學科領域的高層次的研究依舊是高地位的私立大學如芝加哥大學，和著名的州立大學，如在安·阿伯（Ann Arbor）的密西根大學以及在柏克萊（Berkeley）的加州大學的主要工作。其他州立、市立和私立大學更注重大部分美國人的實際需要，提供各種學科的課程和學位。在大多數州，第三級學院的數量、規模和提供學程的多樣性使大部分人都能夠找到適合他們的選擇的學習機會。其結果之一是：大學入學要求並不能決定中等教育的內容。它也促使進步主義者和保守主義者們對任何一級教育都進行嚴肅的爭論。

小學和初中課程

多年以來，進步主義教育理論最熱心的倡導者是提倡兒童中心教育的小學教師和訓練這些小學教師的教育學教授。杜威的早期教育著作《學校和社會》（*The School and Society*, 1900）及《兒童與課程》（*The Child and the Curriculum*, 1902）是針對小學教育的著作。其中，杜威分析了學校的職能以及兒童應該怎樣學習，提出了一些原則。在他的芝加哥大學附屬實驗小學中，他的同事們將這些原則付諸實踐。

在設計教學法和道爾頓計劃（Dalton Plan）中，杜威的研究在實踐中得到了體現。「設計」（project）這一個於1900年左右成為教學領域的詞彙，它將家庭與農作中的體力訓練和手工製作歸入教學訓練的內容。設計教學法由紐約教育學院的克伯屈（W. H. Kilpatrick）完成哲學上的適當性，並在美國小學、初中、甚至高中裡實施。設計教學法用於傳授知識和基本技能，但主要目的是為了給學生提供解決問題的機會。

帕克斯特（H. Parkhurst, 1887-1958）所設計的道爾頓計劃，本質上是這樣一個計劃：其中，每個學生都加入一個以完成一項為時約一個月、經仔細設計的計劃為任務的合同。學生可以按自己的速度工作，可以自由地制訂工作計劃。但是由於學生們並不那麼負責任地濫用了計劃所給予的自由時，計劃完全變味了。但計劃的許多方面都

依然是小學進步主義課程的組成部分。

　　70年代中期，出現了幾個有關提高數學和科學教學水平的計劃，它們遵循同樣的思路，注重過程而不是內容。明尼蘇達（Minnesota）大學的數學和科學教學計劃就是其中的一個。還有柏克萊的科學課程發展研究計劃和伊利諾（Illinios）大學的小學科學計劃。美國科學教育委員會、科學進步聯合會和學校數學研究會也根據這些方針進行工作。

　　布魯納（J. S. Bruner）在《教育過程》（*The Process of Education*）一書中支持過程模式（the process model），強調教學生以學科原則的重要性。這種選擇有價值知識的標準有助於使學生形成概念。它還可以刺激智力運行，易於記憶。反映布魯納對課程的過程研究的最好例證，是改進既有學科的內容或開創新的「廣域」（broad fields）的方案和運動。比如，在英語學科中，教學大綱的制定者試圖根據英語的內在或核心結構來有序安排相應的內容。亨特（Hunter）學院為11至15歲的學生設置了入門計劃（gateway programme），成功地貫徹了開放的學生中心的原則。

　　為回應政府壓力，針對小學和初中的社會研究課程引入了不同社會科學學科的核心概念，並試圖將生活情境引入提供科際課程的課堂中去。由「課程發展協會」（Curriculum Development Associates）著的《人：學習的功課》（*Man: A Course of Study*）中探討的三個主要核心問題就是：

- 什麼是人類中的人性？
- 它是怎麼來的？
- 怎樣才能更好地發展它？

科際研究架起了自然科學、社會科學和藝術之間的橋樑。在原先的自然科學課中，統一的原則都是抽象的，而不是關於年輕人的日常問題。

在提倡發現教學法的運動贏得了支持的同時，「準備律」（readiness）的心理學理論對小學課程產生了深遠的影響。美國教育體系中不存在選擇性考試，這為提倡階段性學習能力的兒童發展理論提供了肥沃的土壤。他們提醒教師，在有效地對某一門科目進行教學之前，學生必須先具備一定的智力成熟程度。「準備律」的觀念為個別化課程提供了證明。這樣，只有在學生「準備好」的狀態下才能教他們閱讀。成熟前的訓練是徒勞無益的，它導致技能的喪失、挫折感和學習熱情的喪失。

這些心理學理論與實用主義原則相吻合之處在於：課程不能是學科中心式的而應該是過程導向式的。由於極端的兒童中心主義理論，50年代實行問題解決（problem-solving）課程模式的美國學校，除了常規性閱讀能力測驗以外，8歲、9歲或10歲還沒學會閱讀的兒童都受到了寬容，理由是他們還未「準備好」讀寫。失敗在認知發展階段中是正常的現象。因為兒童成熟的速度有所不同，必然有一些兒童在讀寫和解決數學問題方面比其他兒童快一些或慢一些。關於閱讀是自然活動的假設和信念，為教師不能及

時診斷閱讀困難提供了理由。如果認為讀寫是不用教的話，這是荒謬的。在只需用口頭表達來交流的社會，閱讀是無須存在的。但在工業社會，閱讀是必須的。若要尋找大多數美國人不能流利地閱讀的罪魁禍首的話，杜威有關小規模農村社區的教育價值的教育理論不應該負全責。事實上「準備律」理論和過程課程模式主導美國小學課程的結果是，許多人在升大學時還不能讀寫。50年代中期，美國一所著名州立大學中，成百上千的新生都要求參加英語補救課程。

雖然布勞迪（H. S. Broudy）對課程的行為目標取向（behavioural objectives approach）提出了批評，但布盧姆（B. S. Bloom）和加涅（R. M. Gagne）的著作和傳統美國小學的常規性考試，使美國課程沒有成為過分的兒童中心課程。布盧姆在《教育目標分類學》（*Taxonomy of Educational Objectives*）一書中提出了包括認知目標、情感目標、技能目標的目標分類體系。目標取向的價值在於，它可以用於選擇課程材料，並透過鼓勵實現明確目標、及合理設計的考試對成就進行衡量。泰芭（H. Taba）在她最有影響力的《課程發展：理論與實踐》（*Curriculum Development: Theory and Practice*）一書中指出，目標必須同時包括所期望達到的行為和行為的適用範圍。在進行目標分類時必須能夠說清楚，要達到既定目標需要哪些學習經驗。

與行為目標取向聯繫在一起的考試運動，只不過鼓勵了學科在更廣闊的範圍中重建，並將原先獨立但相關的學

科,如物理、化學和生物等一體化。它與「進步主義」教育家所接受的實用主義的問題解決模式的不同之處在於,它並不是反對問題中心法而是要使之更井井有條。

這樣,在小學和初中課程組織方面,有幾種頗具影響力的理論在相互抗衡。一些「進步主義」教育家提倡兒童中心過程模式。另一些「進步主義」教育家提倡社會問題中心模式。「廣域」和「行爲目標」模式則強調使爲求提高每個兒童的總體能力而設計的課程更爲有序。

行爲目標模式和考試運動對中小學教育實踐的影響深遠。它的影響重新鞏固了傳統上學科和課本的統治地位。梅耶爾(A. E. Meyer)在《美國人民的教育史》(*An Educational History of the American People*)一書中指出,以閱讀和宗教爲開始的課程早已消失,小學增加了音樂、繪畫、歷史、地理、文學、保健、衛生學、安全、公民、手工和體育等課程。而在70年代,佛謝(A. W. Foshay)指出,初等學校的教學依然嚴重依賴課本的權威,學校並不是社會理論和心理學理論的產物而是學校本身的產物。目前情況一切如故。知識中心課程依然占優勢;傳統教學實踐形式依然存在;學校中各門學科依然是分開的,教學內容依然按以數學爲本的邏輯順序處理。

簡而言之,雖然各種激進的課程理論被一些教育專家和教師所接受,並且出現了引起爭論的大量課程研究,科學知識的增長還是以不同的包裝,以學科爲分界成爲美國的各個小學和初中的教育內容。美國初等學校還是按以往的軌道運行。

高中課程

　　高中課程也是如此。關於高中課程的爭論非常激烈，並常常帶有高度的政治色彩。20年代和30年代，蔡爾茲（J. Childs）和孔茨（G. Counts）繼杜威後參觀了蘇聯，並對其所見大加讚賞。孔茨還提出，美國學校必須為建立一個新的社會秩序服務。即使在30年代還是有許多人反對這種觀點。1948年，蘇美冷戰決定了國際關係格局後，麥卡錫（J. McCarthy）參議院委員會很快將進步主義教育家列入它所要揭發的顛覆分子的範圍。1957年蘇聯工程師成功地發射了第一顆「史巴特尼克」（Sputnik）人造衛星以後，冷戰升級了。尼古拉德維（Nicholas de Witt）提供的蘇維埃技術人員的訓練，以及在數目方面的證據使得美國議員們確信，蘇聯教育已使蘇聯在美國人自己的領域（科技領域）中領先了。1958年國會通過了「國防教育法」（National Defense and Education Act, NDEA），投入大筆基金以改進中小學數學、自然科學和現代外語的教學大綱內容。1964年又修正了該法，將範圍擴大到歷史、公民、地理、英語（包括小學的語言藝術課）和閱讀。這些法案和1965年《初等和中等教育法》，代表了對美國憲法序言的新闡釋。先前對「公共國防和福利」這一詞組的解釋，限制了對教育進行資助的範圍，其學科僅限於與國家經濟活動相關的學科，如機械工藝學等。

　　美蘇對立並未影響美國對高中課程控制權的爭論。爭

論雙方是要素主義者和實用主義者，代表人各為學術性學科的教授和教育學教授。爭論的焦點是，高中課程是應該像歷史學、數學、物理、化學、生物和外語等教授們所主張的那樣「以學科為中心」，還是應建立在青少年成人後有可能遇到的各種問題的基礎上。

進步主義教育家對傳統課程的攻擊歷時很長。教育專家很少支持要素主義。哥倫比亞教育學院的柏格雷和費尼克斯是兩個例外，他們堅持柏拉圖——亞里斯多德傳統，認為基礎學科的教學是教育的基本任務。大多數批評實用主義課程理論的人是大學學者。多年來，赫欽斯是他們中主要的發言人。他在《美國的高等教育》（*The Higher Learning in America*）一書中認為，工程類學科和現代語言都不應該包括在大學課程之列。1956年，在《對美國教育的幾點觀察》（*Some Observations on American Education*）一書中，他調整了他的立場，但依然強調大學必須是英才機構，學校和大學中的職業訓練是徒勞無益的，它使大學和學院陷入平庸、混亂、課程反覆無常的狀態。雖然赫欽斯的批評主要針對大學教育，但它對高中課程也有一定影響。

當然，對實用主義課程持嚴厲態度的還有白斯特（A. E. Bestor）等大學學者、林德（A. Lynd）等商業家和李考發（A. H. Rickover）等公務人員，他們認為美國高中課程是各種不相關的，常常瑣碎性的學科組成的大雜燴。大多數批評是針對根據兒童中心，或社會中心課程論設置的生活適應型教學大綱而作的。他們把用駕駛教育等低要

求教育代替傳統學科視爲滔天罪行。但他們並不認爲，爲了實行要素主義課程，美國教育體制就必須具有選擇性。科南特 (J. B. Conant) 等人不那麼激烈的批評更具說服力。他們認爲高中教育中缺乏有價值知識的統一化核心，因而缺乏一貫性。究其原因是，進步主義教育家的實用主義課程理論和艾略特的原則的實施在大的城市中學中引起了「選修課」 (electives) 泛濫。選修課名目繁多，還有各種選擇學科和許多所謂的生活適應課程。這種缺乏內聚力的課程使哈佛大學委員會在「自由社會中的普通教育」

(General Education in a Free Society, 1944) 的報告中，強調高中必須爲所有美國青年的需要服務，使他們能夠進行有效的思考、清晰的溝通、價值觀的相關判斷和分類。以此爲目的，科南特領導下的哈佛大學報告建議：所有公立高中課程都必須由一系列人文學科、社會科學、物理和自然科學的核心課程組成。

科南特在1959年所出版的《今日美國高中》 (*The American High School Today*) 一書中，堅持高中必須爲那些不可能考上大學的學生開設一些職業性課程，而對學術上有天份的學生則開設數學、科學、現代外語等方面的高級課程。哈佛報告和科南特的這本書都成了暢銷書。他們對公衆意見的影響比其他對高中的批評的影響更大的原因，一方面是因爲科南特的個人威望，另一方面是因爲他們對美國學術性傳統的打擊不是很激烈，不像進步教育協會用八年時間的研究 (1930至1938) 來證明根據進步主義原則爲全體美國青年制定的課程對於想升入大學的學生

並無威脅。這一研究讓三十所實驗高中的畢業生未經正常的大學入學考試就進入相應的大學學習。將他們的學習成績與從普通高中畢業入學的學生成績相比，幾乎不相上下。「進步主義」者與保守主義者誰都沒有占上風。這一實驗甚至表明，對成績好有把握進大學的學生來說，他們在高中受到怎麼樣的教育對他們未來成功並無多大影響。

目前，高中課程基本上根據科南特模式制定，大學也傾向於像哈佛一樣要求入學者在人文學科（包括英語）、社會科學和自然科學等方面達到一定的學分。而且，申請進入著名大學的學生，不管這些大學是公立的還是私立的，都要求透過學術性向測驗（SAT），測驗成績要達到所選擇大學的入學標準方可入學。各學院之間對SAT入學最低成績的要求差別很大，進一流大學的競爭尤其激烈。

實用主義課程理論強調學生的個別需要，使學生處於這一理論框架中。毫無疑問，由於這一原因，基本人權的倡導者贏得了勝利，使有特殊教育需求的學生可以進入普通課堂學習。「主流」教育的教學結果尚待昭揭，但至少一些家長已意識到對殘障的兒童來說，在教師都受過殘疾兒童教育專業訓練的特殊學校學習，能受到更好的、必要的教育。同時，採納實用主義課程，使與家庭富裕的白人家庭兒童相比而言，家庭背景不利而影響學術成績的學生有可能獲得補償性教育，因為美國並不像一些歐洲國家那樣，可以透過立法要求學校委員會實行一整套既定計劃。

毫無疑問，進步主義教育家們在這一點上是正確的：他們堅持問題解決的過程課程模式能夠促進為所有不同性

別、種族、宗族、社會和家庭背景、語言的青年人提供教育。事實上，十九世紀宣布人權原則時，英語必須作爲全國學校用語的狀況已有所突破，對不同語言背景的兒童已可以用他們的母語進行教學。但是與良好社會經濟狀況直接相關的學科學術成績水準會怎麼樣呢？

50年代後，學術學科主要指數學、自然科學和現代外語。爲實現1958年國防教育法的目標的奮鬥還在繼續。人們期望，根據該法分派的聯邦撥款不僅用於提高這些關鍵課程的教學，還用於增加學習這些課程的高中學生人數。前一個目標已實現。後一個目標未能實現，因爲修改教學大綱的是學者，他們使大綱要求更爲學術化，使對此感興趣的學生僅限於能升入大學學習的頂尖學生。這一課程改革的依據，是1959年由布魯納爲主席，三十位著名學者參加的伍茲豪爾（Woods Hole）會議，布魯納對此會議十分重視。該會議的成果促使國家科學院通過其教育委員會頒行一系列方案。最著名的高中課程方案由大學中的數學家、物理學家、生物學家和化學家領導制定。一般來說，這些方案目標的目的是根據布魯納有關科學課程教學大綱的內容組織必須依據學科結構性原則，以求得學科的一致性的有關論斷，來提高科學教學大綱的品質和嚴謹。一些著名的科學家，高中科學課程大綱的改革者，如麻省理工學院中的扎切雷（J. Zacharias）和弗雷德曼（F. L. Friedman），都贊同布魯納的觀點。

學過自然科學和現代語言的高中畢業生人數並沒有如所期望的那樣增長。60年代中期至70年代末期間，高中一

年級（九年級）學生選化學的人數從51.1%降至44.5%、選代數的從35.3%降至31.4%、選西班牙語的從29.2%降至26.2%。到80年代，只有三分之一的高中敎微積分，而由合格敎師敎的物理學科的學校數量更少。美國21,000所中學有三分之一不能開設大學理工科系入學所必要的數學課程。很明顯，由於學生在選擇課程時有相當大的自由，而這些課程大綱又是爲少數學生而不是所有學生設計，這些學科吸引的學生也就越來越少了。所有課程設計者都面臨這樣的困境：旣要考慮爲所有靑年開設的普通敎育課程所必須包含共同的因素，給予他們作爲人權的自由選擇權，又要考慮維持大學學者所要求的學業標準。

在這種情況下，引用林沃德（G. Leinward）在《今日敎育》（*Education Today*，第35卷，第2期，1985）中的論證來說，美國高中課程是軟弱的。例如，1975年一項大學委員會的調查表明，每年有百萬左右高中畢業生參加的學術性向測驗的成績在十年內逐年下降。國家卓越敎育委員會在1983年《國家在危急之中》（*A Nation at Risk*）的報告中指出，高中畢業生中選修過駕駛課的學生從60年代中期的0.3%上升到70年代中期的58.6%，同一時期，選修「婚姻與成人生活培訓」課的學生從1.1%上升到16.1%。林沃德指出，13%的17歲靑年爲功能性文盲：其中40%不能歸納文意，三分之二不能夠計算須經過幾個步驟解決的數學問題。少數民族的同年齡靑年中有40%是功能性文盲。除了最近稍有改善，大部分高中學生在各類標準化考試中的平均學業成績都低於1957年蘇聯發射人造衛星

之前的水平。事實上，70年代哈里斯（L. Harris）協會組織的一項民意測驗表明，一千八百五十萬16歲以上美國人不能夠在閱讀後完成簡單的問題，儘管已經通過1964年經濟機會法和1966年成人教育法在全美實施了成人掃盲運動。

高中課程的組織方式加大了補救的難度，因爲學生享有選擇選修課的充分自由。傳統上，高中課程共四年；現在，其課程由初中的最後一年和高中三年完成。課程是按年設計的。每門課在四年中都有其位置。化學安排在九年級課程中，物理是十二年級的課程。數學的不同分支：代數、三角、幾何安排在不同年份。在整個學年中不缺課並順利完成高中課程學業的，可以獲得該課程的學分。考試深受標準化考試運動的影響，但由教師個人根據其教學進度來控制。國家對高中畢業標準沒有特殊要求，而由於教師對學生水平的要求標準不同，全國的標準參差不齊。

大學入學要求對高中教學內容有所限制。雖然從合格州立高中畢業的學生一般都能自動升入州立大學。學生畢業標準是每年完成四門課，共獲得16學分。根據科南特的建議，這些課程中必須包括社會科學、自然科學和語言方面的課程。一些著名大學，如哈佛大學，要求除了16個學分外，加修12分這三個方面的學分。國家標準化考試成績是常模曲線分布，學生在該考試中的成績和高中畢業證書決定他們所能就讀的大學。各大學入學標準差異很大；並且，雖然各個高中也關注這些入學標準，並保證使他們的學生根據自己的選擇升入相應的大學，還是很容易看出美

國許多升入大學的高中畢業生，在許多國家公認的基礎科目方面的學術成績都未能達到令人滿意的水平。

雖然全民高中體制的情景如此黯淡，但美國在過去的一百年中的教育成就還是值得稱道的，它基本上滿足了高速增長的流動性大的、文化多樣的人口的教育需求。應該指出的是，本世紀的頭十年，在參加最簡單的讀寫測試，幾百萬入境移民中有四分之一是文盲。50年代初的測驗證明，從1900年起，文盲率開始逐年下降。女性文盲率的下降速度高於男性。1950年城市和農村人口文盲率相差不大，但白人與非白人（尤其是45歲以上者）的文盲率差別很大。儘管如此，雖然美國建立了全民化的高等教育體系，且各大學的學程內容與水準參差不齊，美國並沒有忽視卓越教育。許多世界著名大學都在美國。

大學與學院課程

這種多樣性和美國大學學者可以不按歐洲課程模式決定課程的自由權，使美國大學體制十分獨特。典型的學士學位學程四年。每學年分為兩個為期18周的學期或四個為期9周的學期。大多數大學開設暑期學校，其對象是那些想提早完成學位或獲取額外學分的學生，以及薪水取決於資歷的本身是中小學校教師的在職研究生。一個學分指一個學期中每周上一個小時的課。一般一門課為三個學分。大學生必須完成至少120個學分時，一般一學期5門課，才有可能拿到學位。一年分為四學期的，必須完成180個學分。

這一體制的重要性在於把知識分成小單元進行教學和測驗，教學是深入細緻的，由教師個人作出即時的評量，並記入學生的成績單。對教師特權或個人喜好的防範措施，基於必須修習的課程數目和對每個學生作出評量的教授的數量。

一般來說，大學課程第一年總是自然科學、社會科學、語言藝術等普通課程，隨著時間推移專門化程度逐漸提高。有關專門課程的學分數取決於大學與所讀學系的要求。「主修」（major）學科的學分時間最高可達四年總學時的75%。學生也可以在第二門學科上修到相應學分以獲取「副修」（minor）學位。小學教師的「主修」通常是教育。其課程包括最後一年中的專人指導下的算學分的教學實習。

法律、醫學和一些其他領域的專業訓練，必須在獲得文學或理學方面的學士學位後，在專門的「學院」（或專業系科）中學習。準備做高中老師的學生在獲得州高中教師文憑之前，必須在他們想教的科目獲「主修」學位並學習一些教育方面的課程，包括教學實習。這類教師文憑持有者只允許教這門「主修」學科或教師文憑上所列的學科，這一般根據他們在大學中的主修而定。

美國高等教育制度的另一個重要特徵，是美國大學的保護傘下，有著許許多多半專業化課程。從1900年後，大學中的專業從傳統的文學和科學學科到新聞、護士、諮商等專業的巨大變化表明，大學充分適應了複雜的工業社會中，各行各業對受過良好教育的人才的需要。誠然，對美

國高等教育的批判主要針對教育學教授。對高中的批評主要針對課程。但正如霍姆斯（B. Holmes）1956年在俄亥俄（Ohio）州立大學為紀念玻德（B. H. Bode）所做的題為：「美國人對美國教育的批評」（American Criticism of American Education）的演講中所指出的那樣，沒有一個教育評論者敢說，為了彌補美國教育的缺陷，可以放棄他們對普及化教育的信念，回到傳統的選擇性學校體制的狀況中去，那種體制的理論基礎是個人之間是有差異的，中等和高等教育僅僅為那些能從中獲益的人開設（英國在1988年以前就是如此），或者，寄希望於所有學生在義務教育年限中都學習全國統一的百科全書式課程（蘇聯就是如此）。

爭論還在繼續

《國家在危急之中》的公開宣言可以說最能代表美國這種既要批評他們自己的制度，又要保持這一制度中對教育的信念的心態。它寫到：

> 我們的國家在危急之中。我們在商業、工業、科學和技術革命中牢不可破的領先地位已被世界其他國家所取代……我們社會的教育基礎正在被一種平庸的浪潮所侵蝕……如果是一種不友好的強權把這種現在的平庸教育強加到美國頭上的話，我們可以將它看成是一場戰爭來行動。

這一論斷是否合理尚待爭論。美國人有權批評他們自己的學校。遺憾的是這些批評很容易被一些外國人所接受。很明顯，美國人並不願意為解決他們真正的或想像出來的現時教育問題就採取被他們的前人所拋棄的傳統，或採用他們的意識型態上的國際競爭對手所倡導的教育理論。他們對目前教育危機的反應可能會是：不管後果如何繼續執行全民化終身教育，並義無反顧地接受飛速增長的科學知識。美國教育家對什麼知識更值得納入課程的劃分不會像其他國家的同行們那樣明確。他們會堅持將一些在其他地方會被視作可疑的或較低層次的課程納入中等和高等教育課程。當然，在這一全民體系中教育措施的不平等還是不可避免的。憲法規定，每個州對本州教育體系負責。許多州委派地方學校委員會（school bodies authority）來決定課程。由於整個美國課程的內容極不統一，所有男性和女性都享有受平等教育權利的理想似乎難以實現。但在從全民化體系中所提供的教育機會看，不平等的現象比起其他國家和地區來說，還不算嚴重。聯邦政府的權力也不可能急劇上升。

用英才主義的心理學理論來解決這一危機的可能性也不大。當然，測驗和考試運動的理論假設是不可能被放棄的，這一假設是：參試者中約25%高於一般水平、50%處於一般水平、25%低於一般水平。建立在該理論基礎上以檢驗認知結果和行為目標的達到程度的標準化考試，還會繼續影響美國課程發展。

很難想像，美國人會公開接受只有少部分青年人有能

力從高等教育中受益的思想。如果「所有美國青年」都必須進大學，那麼傳統的有關大學的構成的觀念、什麼知識值得納入大學課程的觀念都需作進一步的修改，大學課程也應為適應入學者的需要而改變。對傳統學科不感興趣或無力學習它們的人也不能不包括在大學教育體系之內。這個體系將發生改變。在全民化體系中的這些傾向會不會導致對最新知識的高層次研究的忽略還難以定論。沒有理由去臆測，在其他全民化教育體系，如日本和蘇聯的教育體系中，正在進行更好更多的基礎研究。從意識型態來看，美國人是不可能接受蘇聯的理論和日本的實務的。在現代社會中，不能對美國人自己針對美國課程的批評太過認真。在教育作為人權，科學知識以前所未有的速度發展，學校作為滿足社會人力需求的重要場所的情況下，他們的理論只是在提供課程發展的可實施手段。

5 蘇聯馬列主義意識形態課程

　　蘇共總書記戈巴契夫（Gorbachev）的新政策將對蘇聯教育發生什麼樣的影響尚待觀望。但在1988年，蘇聯教育科學研究院所作的一些研究工作已經受到蘇聯刊物強烈批評。在此之前，對教育的批評主要來自共產黨領導者和院士。比如，1958年，在經歷了為時幾年的爭論和實驗後，赫魯雪夫（Khrushchev）為蘇共中央主席團作了一份簡短的備忘錄：「我們的中等教育及高等教育的最主要和基本的失敗之處是：脫離生活。」他接著談到，雖然它們取得了顯著的成就，「我們的十年制學校教育……目前並未完成為青年的未來生活而做好準備的任務，而僅僅為升學作準備。」二年後，1960年，在全蘇教師大會上他宣布：「我們正在完成兩項特殊的任務：一項是為共產主義創造物質和技術基礎，另一項是培養新型的人才。」儘管1988年去蘇聯的訪問者都能明顯地感到一種新的意見氣氛，但他對教育目的的分析說明依然適用。從1917年十月革命開始，蘇聯就開始強調教育，特別是課程的職責在於塑造新一代蘇維埃人。在蘇共總書記戈巴契夫的領導下，蘇聯教

育的總目的和目標可能不會有很大的變化。

誰該受教育？

　　當然，為適應環境變化，蘇聯教育的目標也歷經了一些波動。例如，創造共產主義社會及培養為之而奮鬥的公民，是建立在將教育擴展為人的基本權利的基礎上的。雖然困難重重，但在1918年蘇聯第一個憲法和以後的1924、1936和1977年憲法中都規定了蘇聯公民受教育的權利。從1917年起，蘇聯的政策中就開始貫徹不分性別、種族、民族、社會階層、語言背景、家庭環境和居住地，實行教育機會均等的思想。

　　蘇維埃政府面臨的第一個問題是掃盲。列寧將它作為一項緊急任務並建議廣大年輕黨員到農村去參加掃盲工作，以鞏固小學教育的效果。據1897年的統計，沙俄的文盲率令人吃驚。如在中亞地區，識字人口率只占2％到3％。到1935年文盲基本上消除了。但在遠北，東北和中亞等地方的人民還沒有書面語。蘇維埃對他們的政策是：為這些少數團體創造語言；憲法規定父母有讓他們的孩子學習家鄉語的權利，以保證多語言國家中的每個兒童受教育。

　　革命後，成千上萬無家可歸的孤兒流浪街頭不進學校，造成了其他問題。在這種情況下，馬卡連柯 （A. S. Makarenko）總結了他移居烏克蘭（Ukraine）管理少年犯時所應用的一些原則。他在他幾本著名的著作中闡述了他所運用的教學法。書中充滿常識。其中的兩條原則一

直影響著蘇聯的教學論。第一條是：充滿慈善的嚴格的社會制度導致個人自律。二是集體教育是最好的教育方式。以這幾條原則為出發點，他也不斷討論了個人創造力在教育兒童中的地位。最近的教育研究者則更注重這一點。

在全民教育體系中使每個人都受教育的企圖，其理論基礎是一些廣為流傳的心理學理論，這些理論與柏拉圖提出的個人天生差異理論截然相對立，但柏拉圖的理論毫無疑問與蘇聯政府的教育體制相吻合的。

另一方面，十九世紀俄國出現的唯物主義觀點強調外部環境對個體的心理活動發展的影響。俄國心理學家所持的理論基礎是：物質環境對大腦皮層發展具有重要作用。俄國的巴甫洛夫 (I. P. Pavlov) 是蘇聯教育心理學的先驅。1950年蘇聯科學院和醫學院的聯合會議上討論並恢復了他的心理學先驅地位。同時還肯定了維果斯基 (L. S. Vygotsky) 所作貢獻的重要性，維氏的作品在1934年他早逝後被禁止了。維果斯基的理論核心是有關心理現象是大腦反饋的重要部分的假設。他關於教學對心理發展起指導作用的觀點掃除了「行為主義」心理學所描繪的兒童能力的局限性，行為主義認為人是一種只對外部刺激發生反應的動物。巴甫洛夫的「第二信號系統」 (second signal system) 表明：大腦皮層在它的發展過程中使神經系統能夠以器官所期待的結果來分析、選擇和合成刺激。從而使人們能夠控制環境而不僅是對它作出反應。

1952年後贊科夫 (L. V. Zankov)，埃克寧 (D. R. El'konin) 和他們的同事所做的縱向研究超越了維果斯基

教學勝過發展的理論。贊科夫強調過程及兒童的獨立活動。埃克寧強調內容和教師的角色。1962年後，這些理論的一些方面在蘇聯遭到了批評，但它為以後的課程改革設置了理論架構。這些研究使政府決策者相信，除了大腦嚴重損傷者外，每個兒童都可以與他們的同伴在同樣的教學環境中受教育。當然，建立一種良好的發展大腦皮層刺激環境對於「人人受教育」來說是至關重要的，這種教育必須考慮兒童心理學，物質環境和教師對於發展的貢獻。

在這種理論架構中，要求大多數學生入普通中學，在其中受教育並獲得成功，但一些大腦嚴重損傷的兒童，如患唐氏症（Downs Syndrome）的兒童，就必須入特殊學校學習。即使這樣，在特殊學校還鼓勵他們用較普通學校還長的時間來完成普通學校課程的學習任務。

由於這個原因，蘇聯醫生和教育者在診斷大腦受損的兒童方面是不遺餘力的。早期的判斷是經過再三調查判定的，而診治則是持續性的。與非蘇維埃智商測驗相似的一些測驗手段被用來診斷白痴、低能和智力衰弱。但這些測驗並未被用於普通學校的學生，而僅僅用於診斷大腦受損的程度。在缺陷學學院（Institute of Defectology）中，為改進診斷和治療技術而設計並使用了這些測驗。蘇聯基於學習心理學的研究所做的工作是令人欽佩的。它是唯物主義的、臨床的，它的最終分析結果是樂觀主義的。它證明，除極少數兒童外，所有兒童都能進普通學校學習並獲得成功。

統一的學校體系

　　蘇聯在當時的條件下創立全民化教育體系是一個了不起的成就。掃盲是一項非常艱巨的任務。在第二次世界大戰中有幾百萬人喪生。戰爭的破壞力是可怕的。在第二次世界大戰中為了生存利益，一些社會主義原則被放棄了。學校重新收費；並且，1940年建立的國家勞力預備處只提供為工廠服務的短期手工訓練。男女同校取消了，目的是將男生培養為工人和戰士，女生培養為賢妻良母。其結果是蘇聯教育的中心原則：義務教育階段必須為所有兒童在統一學校中提供免費教育的原則暫時中止了。

　　1945年後，這方面的期望依然很高，但戰後第一個五年計劃（1946～1950）的重點是治癒戰爭創傷，將國家生產總值恢復到戰前水平。但學校兒童參加生產的情況則被終止。當政者的主要目標是發展義務教育制度，建立普及中等教育制度，發展技術與職業學校，擴展高職教育、高等教育、學前教育和校外教育。

　　統一普及義務學校的發展是整個教育體系的基礎。1945年後，幼兒園招生數成幾何級數增長，使政府有條件降低小學入學年齡至7歲。現在的入學年齡則是6歲。在蘇維埃政權之下，統一學校的學習年限有了增長。有段時間是四年，後來是七年，70年代中期後是八年。從第三個五年計劃（1938～1942）後，政府就制訂了學生經十年普通學校教育，到17歲離校的目標。到80年代晚期，這一目標

基本上實現了，特別是在城市，有60%以上（5～17歲）的少年受全時教育。

統一學校是分階段組織的。第一階段爲時三年，是八年制不完全學校或十年或十一年制完全學校的組成部分。1970年將第一階段教育由四年減少到三年後不久，二百三十萬兒童進入這樣的「小學」學習。到1980年，人數下降到六十萬。現在所有的統一學校都提供初等教育。一些幼兒園現在也使用一年級教學大綱。學生在接受完第一階段教育後，留在八年制不完全中學學習；在城市，這一階段教育則大多屬於十年制或十一年制完全中學教育的一部分。

然而，受完義務教育後，許多學生就走向了工作崗位或進入職業學校或高職學校學習。其學程根據專業需要由二年到四年不等。自從赫魯雪夫改革後，許多職業學校中都增加了普通教育內容，到1985年約一百五十萬的職業學校或技術學校（PTUs）畢業生拿到普通教育證書。

新型中等職業技術學校（SPTVs）提供廣泛的專門職業技術訓練，但不進行普通教育文憑方面的培訓。到1990年，估計會有50%以上的九年級學生入學。招收十年制學校畢業生進行一年制職業技術培訓的技術學校已經不再普遍。相對地，對提供專門技術訓練及普通文憑的職業學校和高職學校的需求則有所增加，其原因在於它給了學生選擇職業或接受第三級教育的選擇餘地。而十年制和十一年制完全中學仍然吸引著那些想進入高等學府的學生。

高等教育機構分三種類型。一種是綜合性大學，其中

莫斯科大學和列寧格勒大學最有名、地位最高。第二種是綜合技術學院（polytechnics），提供大量專門學科的高等理工科教育。第三種是教育學院（pedagogical institutes），培養中學教師。而小學教師則由中等教育機構培養，但目前的趨勢是在從事教師職業前必須受過高等教育。一些教育學院培養各科教師，而另一些教育學院，如莫斯科（Maurice Thorez）教育學院只訓練語言教師。所有教育學院的特徵是注重師範生以後所要教的學科。這些學院的學程中，教師課程所占時間的高比重表明蘇聯課程是非常知識中心的。

與這些完善的全時制教育體系相配套的還有部分時間制學程及函授學程。這種教育的類型反映了那些未完成全時制教育的人們對提高自身教育資格的渴望，和政府在實現將教育作為公民終身的基本權利方面所作的努力。

什麼知識最有價值？

在蘇聯的統一教育體系中，重要的是一致性。和許多國家一樣，蘇聯的課程理論設計都試圖將個人與社會需要和知識發展的內在要求結合起來。教育發展引起了課程問題。在這些年中蘇聯課程很少變化。它的目的是透過正確傳授有價值的知識培養「新型蘇維埃公民」，實現共產主義。蘇聯的所有男童和女童都必須受共產主義意識形態教育，以具有共產主義道德水平，豐富的精神世界，達到身心和諧發展。所有學校課程的教學都要以這些以兒童為中

心的目標爲宗旨。蘇聯教育家們特別強調意識形態在培養新型公民過程中的重要地位，以便徹底消除資本主義社會中長大的人們的根深蒂固的思想信仰。提高所有學生的政治覺悟是培養學生成長的中心任務。80年代，政治家和教育家們在感受到外來思想的侵襲後重新強調了這一點。學習馬克思、恩格斯、列寧的著作，共產黨和蘇聯的歷史材料，以及所進行的歷史教育，長期以來一直被認爲是有價值的教育手段。1975年，在八年級開設了一門有關蘇維埃的基礎和法律制度的新課程。在這門課中，就像在《共產黨宣言》（Communist Manifesto）中一樣，更多地是從共產主義道德立場批判資本主義道德和精神信仰的錯誤性和資產階級霸權主義（Hegimony），在集體主義、國際主義（無產階級國際主義除外）和蘇維埃愛國主義方面的內容則相對較少。暗地裡蘇聯教育家似乎也承認一些俄國傳統思想中的優點。但是，什麼是有價值的知識及如何對待它，組成了蘇聯的兒童與社會中心的課程理論核心。在列寧統治時期，一個好共產黨員不僅要學口號，而且還要不斷接受關於人類的所有社會經濟和歷史經驗的教育。

這一標準在各個層面上與法國傳統百科全書主義課程都是相吻合的。爲促進兒童的智育、德育、體育、美育的全面發展，並促成有價值的世界觀，知識必須隨著科學、技術和文化的發展不斷更新。必須在低年級就進行科學知識的教學，在教育過程中教育內容必須按知識結構傳授。最近的知識爆炸造成了課業負擔加重，從而導致了對舊有學科材料的取捨。

俄語學校中最多有17門課，在母語不是俄語的地區18門課（俄語為必修課程）的事實，證明蘇聯中學課程沿襲了十八世紀的法國課程傳統。列寧自己也認為建設蘇維埃文化必須吸收俄國文化和世界文化的精華，並將它們運用到為勞動人民服務的事業中去。為完成這一過程需要培養新的知識分子階層，清除沙俄的資產階級意識，樹立社會主義意識。列寧和他的繼任們從這一角度出發，強調人類的社會經濟和歷史經驗成就應列入蘇聯教育的內容。

兒童中心關於選擇的標準在學前教育課程中最為明顯。幼兒園與家庭密切合作，人們期望它能維護幼兒的健康、發展幼兒的實踐能力和對勞動的尊重、關照兒童美育方面的發展、並使他們尊敬師長、熱愛社會主義、熱愛家鄉，為他們進入八年制學校做好準備。根據這些原則制定了教學大綱。幼兒園中配有合格的醫護人員。學習大多在做和遊戲中進行。環境教育、音樂訓練、讀寫訓練、語法和數學的教學為幼兒進入小學做好了準備。兒童透過保持幼兒園窗明几淨的勞動學會了尊重勞動。一個爭論的熱點是，幼兒園裡是否能有效地對6歲兒童進行八年制小學一年級課程的教學。

三年制小學的課程則基本上是學科中心的課程。1966年的一項法案將這一階段的年限從四年降為三年，其後逐步施行。經研究表明，兒童能夠將抽象的原則內化並比人們原先所能想像的程度更廣泛地應用它們。這使百科全書主義教育內容得以鞏固。改革給幼兒園施加了壓力，使它們更注重認知方面的發展。

贊科夫對小學教育內容的知識中心主義持批判態度。他的研究表明，課程負核已經超重，對兒童多方面的教養關注太少。在他的建議下發展了幾門新課程，課程目的是塑造行為規範，促進兒童德育、美育、體育方面的發展。那些熱衷於不厭其煩地介紹兒童中心課程和新教學方法的教育家們不得不痛心地指出，他們並不想干預基礎科目也不想重蹈20年代兒童（pedology）學的創始人所犯的錯誤。從贊科夫的研究開始，有關方法的討論及其分歧反映了蘇聯教育界長期存在的兩種思想：一種相對來說贊成兒童中心或過程中心的課程，另一種提倡知識中心課程。

八年制不完全學校和十年或十一年制完全學校中的第二、三階段教育的課程也是百科全書主義的，和第一階段一樣，負荷了過多事實資料。不言而喻，知識爆炸使列寧關於所有人類經驗都須納入學校課程的觀點很難實施，甚至不可能實施。因而在蘇聯制訂了選擇教學內容的原則。正如克雷夫斯基（V. V. Kraevskij）和勒內（I. V. Lerner）在《蘇聯課程內容理論》（*The Theory of Curriculum Content in the USSR*）一書中提出的，蘇聯的教育家問了以下問題：

(1)每門課的教學大綱中應包括多少內容？

(2)每門學科的課程安排應如何滿足普通教育的需要？

(3)應如何安排每門學科的學程以保證它能完成教育目標？

(4)透過學習一門與普通教育目標有關的具體學科，學生能掌握哪些知識、程序和技能？

與這些一般性問題相關的問題是兩個更為具體的問題。即：「所有學生在完成中等教育時至少學到了哪些知識內容？」，和「哪種課程能最好地為實現典型的蘇聯學校教育目標服務？」。

　　要尋求這些問題的答案，必須分析哪些社會經驗必須代代相傳。知識是社會經驗中的第一個方面。能力獲得是第二個方面。在上一代人的這種實踐性問題解決活動的基礎上，簡單地「知道」（knowing）就可以轉化為「能夠做某事」。社會經驗的第三個方面──創造性，對於解決新問題和改造現實來說是至關重要的。這些要素與西歐和北美的學校中被定為經驗傳授的要素之間，並沒有顯著的區別。

　　維果斯基的心理學理論和贊科夫的教學論表明，從人類的社會經驗中作出選擇，暗含著某些確定的問題，在對這些問題的解決中，讀寫算能力和創造力是極其重要的。其中，將知識從一個情境應用到另一個情境中去，從舊情境中發現新問題，尋求對問題的多種解決方式，用現有的知識和實踐能力解決新問題等能力是很重要的。這些思想與杜威的問題解決法有相似之處，但蘇聯教育家們渴望指出他們的思想與杜威的不同之處。他們認為，在問題的確定和解決的社會背景上存在著巨大差異。

　　每門學科的特殊要求也是選擇知識下限的尺度。根據克雷夫斯基和勒內的觀點，與每門學科相關的活動，從整個學科模式的角度決定了課程的構成。雖然有些活動如實驗工作，對一些學科來說可能是通用的。教學方法、學習

過程、教師的個性特徵和學生的學習能力都有助於選擇作為課程的基本組成部分的活動。實踐活動包括自我幫助、幫助他人、工廠勞動、園藝活動，製造用具和保護環境。社會活動包括參加社會運動、幫助兒童、自我組織、參與家庭事務、人際交往、閑暇與健康。以上內容還是與美國進步主義教育家們所界定的選擇課程內容的標準相似。

蘇聯課程理論與美國課程理論的基本不同點，在於對課程內容的闡釋方法不同。蘇聯學者承認在杜威關於實踐與理論的關係，兒童與社會的關係方面有其教學上的意義，但他們反對杜威在解釋這些關係時所使用的資本主義價值觀，然而，像杜威一樣，蘇聯教育家也試圖打破歐洲關於學校和大學知識才具有內在價值的傳統。

蘇聯綜合技術理論（polytechnical curriculum theory）的來源是馬克思的《資本論》（*Capital*），馬克思在《資本論》中談到：「只要看過羅伯特·歐文（Robert Owen）的著作，就會確信，從工廠制度中萌發出了未來教育的幼芽，未來教育對所有已滿一定年齡的兒童來說，就是生產勞動同智育和體育相結合，它不僅是提高社會生產的一種方法，而且是造就全面發展的人的唯一方法。」

蘇聯綜合技術課程理論是普通教育理論而不是職業教育理論。它堅信培養社會主義意識比培養製造商品和提供服務的技能更為重要。與柏拉圖理論中將普通教育與職業教育截然分開的觀點相比，蘇聯的綜合技術理論是一種新奇的理論。因為它是一種全新的理論，所以常被誤解，並成為永無休止的爭論的主題。

有關綜合技術課程理論的論爭

克魯斯卡婭（Krupskaya）詳細論證了綜合技術課程在培養兒童和建立共產主義社會過程中的重要作用。綜合技術教育指教育在廣義上應該與生產勞動和社會經濟生活相結合。克魯斯卡婭早在1920年就提出一些至今仍被接受的課程指南。

克魯斯卡婭的許多觀點現在都被重申了。為了使她的理論與現代工業相吻合，今天的綜合技術教育應該教給學生目前的情況和電氣化為從事自動化工作的工人所帶來的結果。比如，化學工業和核能的發展使一些舊技術被淘汰了，但有新的技術取而代之。在這種環境下，社會主義經濟中的工人必須學習有關高品質且低成本生產的知識和技能。

從理論上來說，綜合技術課程要求：在普通勞動者的學校和專門化職業學校之間不應作出區分。蘇聯的教育家們在這個問題上存在分歧。許多人認為綜合技術教育只要為蘇聯工業增加訓練有素的工人而不需要使每個學生都受到良好的普通教育。爭論還在繼續。

斯凱庭（M. N. Skatin）總結了蘇聯1917至1958年的歷史。1931年9月蘇共中央會議作出結論，指出：綜合技術課程必須由與生產相結合的數學、物理、化學和生物等學科組成良好的基礎。30年代，為了培養專業的中堅幹部、抵抗國際威脅，蘇聯編寫了這些學科的適當教材。1937年，

勞動課程被取消。這些變化反映了蘇聯對傳統西歐課程實務的回歸，但其重點在自然科學方面。

1945年後開始重新重視馬克思的基本課程原則。在1952年蘇共第19次大會上，制定了在普通學校中發展綜合技術教育的原則。四年後，學校教育遭到了強烈的批評。蘇共代表大會重新規定學校應使學生了解生產的主要過程，將教學和有益的社會工作相結合。蘇聯教育科學院在幾個實驗學校試行一種新的綜合技術教育體系，1956至1957年在另外的三百五十個學校之中推廣。在廣泛討論的基礎上，1958年赫魯雪夫才敢根據莎囯瓦倫科 (S. G. Shapovalenko) 編輯，凱洛夫 (I. A. Kairov) 著的「蘇聯綜合技術教育」 (Polytechnical Education in the USSR) 一文，向蘇共中央委員會主席團提出加強學校與生活聯繫的建議。這一備忘錄被接受了。然後，由蘇聯部長會議中央委員會起草的文件由中央委員會首肯，並在俄羅斯由共一千三百萬人參加的二十萬個會議上進行討論。整個蘇聯都召開了類似會議。儘管被1958年法所採納的方案受到了廣泛的支持，它們在實踐中也未能獲得成功。從那時起，課程改革成為蘇聯教育討論中的主要論題。

1958年教育法的具體教育方案中規定，學生從八年制學校的三年級開始做一些社會公益性工作，每週在26至34課時的總學時中占2個課時。大部分學生完成八年學校教育後進入全時制工作崗位。完全中學的重點在普通教育上，但在最後三年裡，學生每週要在附近的企業中工作12課時。

對這些方案的反應是各種各樣的。一些行政官員把改革解釋爲必須增加職業性學程門類。只有少部分教師了解這些方案的意義。還有一些教師只是不想放棄舊習慣、學習新技能。

1958年後的幾年內，蘇聯的教師和行政官員經常對改革發表保留意見，即使有外國人參觀時也不例外。到60年代中期，蘇聯敎育家們公開承認赫魯雪夫的改革是不成功的。政策有了較大的變化。政府取消了有關十年制普通學術性取向課程必須兼爲靑年進行生產勞動和高等教育作準備的規定。政府重新規定：中等技職學校教育要使學生完成普通敎育，學習專業技能並能升入高等教育學習。

由於學術性課程長期以來的地位，新的中等職業技術學校似乎是有效的。因爲雖然有2554個課時用於職業教育，但也有1684課時用於普通教育（這與普通中學的九、十年級比也是可觀的），其中870課時用於數學和自然科學課程。學科範圍還包括美育、軍訓、體育和選修課，組成了百科全書式的課程。促進了中等職業技術學校的普及。

百科全書式綜合技術課程

所有蘇聯統一學校的課程都是百科全書主義的。在初等教育的前三個年級重點放在本地語的學習上，但也要求學習地理、歷史和一些科學知識。在有些學校還要求8歲的二年級孩子學習現代外語，主要是英語。在俄羅斯共和國，二年級學生每週有十二個課時用於俄語課，占總課程的

50％，數學占25％。1981年第二十六屆蘇共中央全會後，義務教育起始年限降到6歲，初等教育階段百科全書課程又一次成為爭論的主題。

課業負擔過重被視為對身體有害而受到批評。首先，傳統上，7歲學生每週學習六天，每天學習四課時，回家還要做一個小時作業。其次，有人認為，一些課程中的許多概念都超出了大多數學生的理解能力。比如，算術課程中的代數等概念對許多學生來說都是很難的。還有，將一年級數學在幼兒園大班教的做法也很受爭議。學前教育家們認為這抹殺了兒童的童年，並強調他們在兒童發展方面的專家地位受到了威脅。另一方面，傳統的小學教師認為幼兒園教師並沒有教6歲兒童有關普通小學第一年內容的專業知識。

爭論在兩類教育家中展開，一類認為小學課程必須是兒童中心和過程中心的，另一類認為必須在課程中引入更多的抽象概念來減輕課業負擔。雙方的觀點都與傳統教學方法相左。在長達28年的時間內，參觀蘇聯初等教育的人對它的印象都是學科中心的。紀律嚴明但溫和，學生們對教師基於學科結構的教學方法反應踴躍。

在統一學校的第二階段，從四年級到八年級，每個聯邦的課程設置在意圖上是相似的，雖然每個聯邦有權使課程更適於地方需要。這種自由權在憲法中的最明顯的表現是，父母有權選擇他們的子女受教育時所用的語言。比如，在拉維亞（Latvia），拉維亞語（Lettish）是統一學校的教學用語，如果父母希望他們的子女用母語學習的話。其

它非俄語聯邦的父母也有這種選擇權。所有母語不是俄語的學生都必須學習俄語。

　　為使各學校有所不同，允許開設選修課程。最近幾十年的科學知識發展使為所有人設置的課程不能囊括所有知識。同時學生必須準備參加高等學校的入學考試。近幾年來在完全中學設置了選修課，使能力強的學生在學習自然科學、數學和地理等基礎課的同時，學習一些基於最新資訊和概念的新課程。七、八年級選修課很少。在九年級、十年級、非俄語聯邦的十一年級中，對未來的自然科學家、社會科學家和數學家，實行為相當競爭的大學入學考試做準備的教育。對於那些能力較低的學生，則為他們開設額外的俄語和數學等基礎學科。在完全中學裡，並不存在大規模的課程選修，而70年代後提倡的選修制，也並不是很典型。

　　在大多數地方，學生都必須在完全中學裡學習八年統一的學科中心百科全書式課程。以下是中等教育的典型課程門類：俄語和俄國文學、數學、歷史和俄國憲法、地理和經濟地理、生物學、化學、物理、天文學、一門外語、機械制圖、體育、美術和音樂。

　　就像西歐學校體制中那樣，每門學科的發展史決定了教學大綱和教學內容。比如，蘇聯物理教學大綱包括靜力學和動力學，及學科發展的結果：熱學、光學、聲學、電磁學、電流學、電氣學和核物理學。同樣，化學教學大綱則包括化學學科發展史中所有的物理化學、無機化學和有機化學。同樣的原則也用於制定數學和生物學教學大綱。

學校數學可分算術、幾何、代數和三角函數等依照這些數學分枝的邏輯結構建立起來的學科內容。歷史、世界史、經濟學和人文地理等學科教學大綱也按類似的原則制定。

每門學科的內容被分成若干部分以便在八年中進行合理地教授。低年級物理課包含物理現象、物理計算單位及其測量等內容。完全中學的現代物理課則包含了電學、量子理論、原子結構、無線電和原子能。化學課共五個學年（從七年級到十一年級）。八年級學習主要化學現象，然後系統學習無機和有機化學。在低年級有自然課，內容包括自然地理初步和有關空氣、火、水和土的知識。從五年級到八年級基礎課程包括植物學、動物學、人體解剖學、生理學和衛生學的內容。九年級學生則學習普通生物學和達爾文的生物進化學說。

歷史教學大綱是很綜合性的。在一至三年級學生學習一些一般歷史概念。四年級學生學習發生在蘇聯的歷史故事，革命前的日常生活、革命過程、內戰、外國干涉、社會主義制度的建立和1941至1945年的戰爭。接下來是世界歷史，重點在於經濟發展和階級鬥爭。系統的地理課從五年級開始開設，包括蘇聯和外國的經濟地理。

所有學生都被要求完成同樣的八年課程，並在完成所有學科的學習後接受高等教育。難怪蘇聯教育家要評論說課程負荷過多，學生負擔過重了。

從人類歷史經驗中選擇課程內容也是必要的，在歷史課中選擇的事實大多反映勞動階級進行階級鬥爭的主要原則。物理是最主要的學科之一，因為它被廣泛地用於現代

物質世界。選擇的課程內容的基礎是人類的生產活動。生物學以與農業、保健和漁獵有關的原則為選擇課程內容的基礎。化學在鋼鐵業，其它金屬業、油和煤的生產過程及製藥業得以廣泛應用。而以上則是選擇化學課程內容的標準。地理教學大綱旨在說明地理條件與組織社會主義生產之間的關係。

　　如果選擇的原則清晰明了，就會有不同意見。60年代，蘇聯全國上下要求改革時，這一點特別突出。蘇聯書面文章中批評課程已經過時的。對數學和自然科學課程的批評最激烈。歷史教學大綱則因其冗長反覆而遭到批評。文學則太側重於文學作品的分析。批評者們要求改革課程——要求課程內容至少包括最新材料。比如，物理應建立在量子理論和相對論的基礎上，歐幾里德幾何須由線性代數取代。生理學大綱的核心必須是分子生理學。

　　莫斯科國立大學的數學教授馬庫塞維奇（A. Marku-shevich）曾描述了60年代蘇聯的課程論爭。1964年教育科學院組織了一個聯合委員會來調查教育內容。有500個學者參加該會，一年後，改革草案分發到所有科學、文化和教育組織中。對草案的反應有2000多種。許多教師反映如果他們用新大綱教學，就得重新學習他們的學科。蘇聯科學院要求草案的起草人緩和其建議。在此基礎上修改的草案得到了政府和黨的贊同。為展開進一步討論，他們將草案發表在雜誌上。在教育部頒布數學和物理教學大綱之前，又作了修改。這一任務在1976年得以完成。

　　將現代觀念引進學校課程的主要嘗試說明了：縱使是

相當傑出的科學家和教育家合作來制定計畫，但並不一定是全部都被學校教師所接受。雖然說教育部正如美國一樣，也正式贊同「有關中學工作的進一步改善」這份文件。建構新課程的主要成員都是大學的頂尖學術人員和教育學者。毫無疑問，許多學者和學校教師都是反對激進的課程改革的。一些大學學者想將最新的科學原則和知識納入課程。教育家們基於教育學的理由反對這種做法。毋庸置疑，爭論還在繼續。在多年來維護列寧的權威之後，目前的爭論焦點是如何縮減十年制學校課程中的大量事實資料而代之以最新的觀念和知識。

這些爭論對學校的教學方法有其一定的意義。齊凡洛夫（I. D. Zverev）在聯合國教科文組織，以及國際教育局（IBE）刊物上所發表的「蘇聯學校中的教學方法」（Teaching Methods in the Soviet School）一文中討論了這些意義。如果現有的原則能成功地起作用，蘇聯教育家和科學家就可以在不違反列寧聲明的基礎上，制定聯貫一致的教學大綱。而提倡兒童中心和過程中心的激進改革方案，則不太可能不引起習慣於百科全書式學科中心課程的教師的反對。

課程的綜合技術主義化絕不是一個死問題。在綜合技術課程的含義及其實現途徑的問題上很難達成共識，因而在科學家、學者、企業家、政治家、教師和家長之間對這些問題還會爭論不休。它與西歐課程實務相比，作為一種新的課程組織原則，其創新性使這些爭論成為可能。

同時必須指出，許多為造就「新蘇維埃公民」而設計

的課外活動，在達到這一遠景目標方面的效果，比常規的學校課程的效果更顯著。十月革命參加者、少年先鋒隊員、共青團員在改良蘇維埃普通教育，使其側重內部邏輯和歷史發展來組織的學術性學科方面，扮演了重要角色。少年宮（Pioneer Palaces）為正規學術性教育和專門化職業訓練提供了一種「解毒劑」。

　　與傳統上教師有權決定「什麼知識最有價值？」的其他國家一樣，蘇聯在打破教師對課程內容的實際控制權方面的企圖遭到了激烈而成功的阻抗。無論是在中央集權的民主體制中，還是在分權制體制中，在這方面沒有很大區別的事實，值得深入研究。戈巴契夫的改革實際上似乎不太可能引起一場課程革命。

6 國家間課程的依賴關係及轉化

在非洲、亞洲和拉丁美洲等工業化水平較低的國家，教師和其他教育者們對「什麼知識最有價值」的看法怎麼樣？他們如何對待因殖民主義或其他政治因素的滲透而帶來的要素主義、百科全書主義、實用主義和綜合技術主義傳統？它們在多大程度上取代了殖民前的舊知識價值觀，如源於儒學、印度教或伊斯蘭教傳統的那些知識價值觀？教師們在何種程度上願意接受和實行以針對政治獨立但經濟不發達的國家狀況的迫切需要而制定的新課程？

要素主義、百科全書主義、實用主義及綜合技術主義 課程論的國際影響

美國、法國、蘇聯和英國，不僅是不同的課程哲學中心而已。它們分別對一些其他國家有著長期的重大政治影響，透過這種影響，以上述四種課程哲學為基礎的教育實踐活動已廣泛地展開與普及。英國和法國的教育實踐在十九世紀和二十世紀初波及到它們的殖民地國家，不過許多國家受1789年法國大革命的影響也接受了法國的思想觀

點。美國和蘇聯對世界的影響，主要發生在1945年以後的一段時期。那時，它們作爲超級大國，相互競爭地提出敵對的意識形態、政治觀點，其教育思想也相應傳播到了其他國家。

要素主義課程論在其他國家的運用

1945年，英國的殖民地國家包括：印度次大陸、撒哈拉以南非洲大部分、加勒比海大部分及印度洋和太平洋地區的許多島嶼、半島和小國。印度次大陸國家在1947年推翻了殖民主義統治，但其他大多數地方直到二十世紀60年代才取得政治獨立。這時候，英國建立的教育制度已獲得了充分發展，而且，在較高教育水平方面已與英國的相應機構和制度接軌。

殖民地的小學課程以十九世紀的英國模式爲基礎，但體現了一些地區適應性；而殖民地的中等和高等教育的課程則幾乎是英國相應英才教育機構課程的翻版。尤其是1945年以後，多數殖民地的中等和高等教育開始協力發展，大學統治著中學。1945年的阿斯奎斯（Asquith）報告，不僅提出殖民地大學要模仿英國大學的模式，而且還促成了一個「大學聯合辦學委員會」（Inter-University Council）的建立。藉由這個委員會，英國大學決定殖民地大學的課程，控制其入學標準以及考試要求，並爲其提供了英國的師資隊伍（Colonial Office, 1945; Maxwell, 1984）。即使是具有地區性的學習課程，有時也實行嚴格的學生選拔的原則，強調專業化和人文主義學科或純科學

性的內容。

　　要素主義原理被直接地移植到各殖民地國家去。由於它的目的是培養殖民地的領導階層，使他們用英國風格的政治制度統治那些雖然最終還是獲得了獨立的那些國家，使它們與英國保持文化上的密切聯繫；因此，提倡要素主義的各種理由與在英國的理由是一致的。

　　許多先前的殖民地因為貧窮或弱小（常常是經濟資源缺乏或領土規模較小），在獲取了政治獨立之後，被迫依靠英國的教育援助。於是，英國的教師在確定課程方向時仍繼續傾向英國模式，而本地的教育工作者通過在英國的教育機構中受訓練之後，也就浸透了英國的觀點。保持英國式教育哲學的機制十分明顯強烈。

　　受英國的政治統治程度最深的，往往是那些本國固有的教育哲學很薄弱，不足以替代英國教育哲學的國家。在許多非洲國家，殖民統治之前，甚至有殖民統治期間，均存在著相當不錯的部落教育計劃（Fortes, 1938; Raum, 1940），這些教育計劃具有針對特定地區、特定民族的地方性。

　　另一類曾經經歷過英國殖民統治的殖民地，具有更牢固的基礎以根除英國教育的影響。這些國家包括澳大利亞、紐西蘭和加拿大等「開拓者」（settler）殖民地，它們早在十九世紀末前已取得了相當程度的內部自治。中東地區也有一些國家如埃及，在二十世紀20年代之前就已擺脫了英國的殖民教育的控制；同時，它也擁有一個很強大的伊斯蘭教為基礎的前殖民主義教育傳統。

在這第二類的殖民地中，的確有幾個國家，如澳大利亞一直受英國要素主義思想的影響，尤其是在一般哲學水平意義上。而其他國家則受到別種課程理論的影響，如加拿大受美國教育思想的影響，而埃及受法國的影響。（但在紐西蘭，其課程哲學更接近於蘇格蘭的百科全書主義思想）。當然，所有這些殖民地中都未能完全擺脫英國課程的殘餘影響。

印度次大陸的幾個國家——印度、巴基斯坦和斯里蘭卡——在擺脫殖民統治之後，呈現的是一種特殊情況。英國的教育機構建立得很強大，但本土文化仍是教育哲學變更的強有力基礎。印度和巴基斯坦於1947年取得獨立之後，力量很強大，足以對英國傳統進行徹底的改造。印度的情況將在第七章中專章論述。

法國百科全書主義課程論的廣泛傳播

1945年以後，關於公共教育擴充問題的嚴肅討論在全世界範圍內掀起的時候，法國的殖民統治勢力被限定於北非、西非和中非、印度支那及其他零星散布在加勒比海，印度洋和太平洋地區的殖民地範圍之內。非殖民化進程首次發生於1954年的印度支那，以二十世紀60年代期間撒哈拉以南非洲發生的運動告終。在此之前，全面的大規模的殖民主義制度已經得以確立。

法國的殖民主義教育政策別於英國和荷蘭等其他歐洲國家以強烈的「同化主義」（assimilationist）為其特徵的教育政策。兩者的主要區別在於：當英國的殖民統治者

竭力使教育「適應」各殖民地的實際形勢時，法國的目標卻是將殖民地各國的英才完全法國化，其工具就是法國的教育制度。大多數法屬殖民地國家的教育組織形式和教學內容等等方面，都幾乎是法國教育制度的複製品。（Momford and Orde-Browne, 1937）。

　　毫無疑問，「同化」現象有所發生。在二十世紀50、60年代，掌握法國殖民主義統治狀況的第一手經驗的作家如：法農（Frantz Fanon）、梅米（Memmi），或穆姆尼（Moumouni）（Clignet, 1971）等發起了聲勢浩大的反殖民主義運動，有關「心理殖民主義」（psychological colonialism）的報導構成了這次運動的一個重要的組成部分。然而，「同化」過程完成得並非如人們想像的那樣徹底。在法國殖民統治歷史中的大部分時期，以及在大多數的殖民地區，那些受法國殖民主義教育的人中，「被同化者」（assimilés）只占極少數。

　　西非對法國一直有強烈的依賴。它們之間設有強有力的聯繫機構，法國的教師、教學組織形式和課程材料等由此而傳送到非洲，同時，非洲的學生也到法國去接受高水平的專業化訓練。然而，這種延續不斷的依賴性的形成、存在與發展，一方面因為法國先前在撒哈拉以南非洲的殖民地大多數地域小並且貧困，另一方面也是由於二十世紀60年代早期，法國政府成功地實行了促進聯合的積極政策。

　　自十八世紀晚期以來，世界上許多地區開始非正式地仿效法國思想，這種仿效與以上情況相比，具有完全不同

的特點。十八世紀啟蒙運動期間，強調國家計劃經濟和社會事務的功效性的信念，已為歐洲大陸的許多地區所接受。1789年的法國大革命又為這一理性中心主義思想補充了共和主義、民族主義和平等主義的思想。1815年以後，這些思想中的教育因素已被許多歐洲國家所接受，儘管共和主義的政治學說在當時尚未被接受。

十九世紀初，教育應當傳遞按照理性原則組織起來的標準化知識體的觀點，得到了自俄國到希臘，從西班牙到瑞典的整個歐洲的支持。姑且不說百科全書主義課程理論已具絕對統治地位，但至少可以說，它在除英國之外的幾乎每一個國家都已經得以建立。

在不同的國家，對百科全書式課程的理解和解釋也各異。在許多歐洲國家裡，它被影響力頗大的地方哲學所融和。在斯堪的納維亞，一種路德新教派的觀點在丹麥葛朗德威格（Grundtwig）的教育哲學中得以體現。它們主張課程應與鄉村社區的地方文化相聯繫。在德國人凱欽斯坦納（Kerschensteiner）的基督教新教強調手工勞動和手工行業在教徒生活中的崇高性。這種哲學為西德的職業教育奠定了相當堅實的基礎（Hearnden, 1976）。

百科全書主義關於標準化課程的普遍價值，以及按理性原則組織的課程如數學和自然科學等占主要地位的觀點，至今在東歐國家仍具有很大影響，包括表面上以馬克思主義為其教育哲學之基礎的蘇聯。

有關貧窮的第三世界國家採用百科全書主義課程論的情況，將在第八章詳細論述。主要內容是關於拉丁美洲國

家在十九世紀從西班牙和葡萄牙統治下取得了獨立的早期
階段，自由地採用百科全書主義觀點的情況。但這些國家
直到二十世紀末，仍未達到其他歐洲國家早在十九世紀就
已達到的經濟發展水平。

美國教育思想的影響

相對來說，美國除菲律賓外，幾乎沒有多少殖民地可
供美國教育思想在那兒得以確立和傳播。然而，自1945年
起，美國教育對全世界的非正式影響相當廣泛，甚至可與
法國1789年大革命之後在歐洲和其他各地的影響相匹敵。

美國教育的影響透過非正式和正式兩種渠道。非正式
渠道指大量的美國教育思想和教育機構為其他工業國和非
工業國所仿效；稍正式一些的渠道包括美國的許多基金會
對大量非工業國家的教育援助而產生了影響。

杜威的實用主義哲學，在二十世紀20、30年代成為英
國、蘇聯和拉丁美洲進步主義教育家興趣的焦點。其教育
思想的傳播渠道均為自覺自願的仿效，除此以外，別無其
他途徑。另一方面，這些接受國中的任何一個都沒有將這
些思想觀點作為一種占絕對統治地位的教育哲學加以制度
化。與此類似的是，二十世紀40年代，許多其他工業國開
始考慮中等教育民主化問題時，都將美國的綜合中學作為
一種模式加以引進。但英國這個美國習俗的主要發源地卻
竭力抵制美國模式，並不遺餘力地批評美國中學。

規模最大的制度性遷移恐怕要數美國高等教育課程組
織模式的遷移。包括學生和學習科目在內的較大範圍內的

高等教育民主化，首先在美國得以發展，並於1945年以後遷移到許多國家和地區。美國的課程組織和評價模式（多科學習、課程單元、形成性評價）被其他工業國所採用，包括英國（如1968年創建的開放大學）和法國（參見1968年高等教育的重新組織）。那些認為這種制度是透過美國的經濟和政治力量強加於非工業國的看法，應參照那些不受這種政治影響但又對美國的教育制度進行了類似仿效的國家的例子，得以糾正。

1945年之後，美國機構在全世界範圍的教育活動在發展中國家得到大擴充。英國政府的援助也呈上漲趨勢，因為他們把教育的輸出看作是實現傳播美國政治思想意識的全球戰略的一個重要武器。美國在拉丁美洲地區實行的「援助」（AID）計劃就是一個明證（參見第八章）。

但是，美國最強而有力的影響可能不是透過在其他國家建立美國式的教育機構而發生作用的，而是透過在世界各國接受美國的基金資助而派遣大量學生赴美留學的途徑而實現的。發展中國家有過留學經歷的未來教師和教育行政官員促進了美國教育價值觀的國際化。但是，也有證據表明：這些學生回本國後，對美國思想觀念的接受和應用程度並不相同（Myers, 1984）。

將在第九章討論的日本的情況比較有趣，因為1945年後，美國的教育思想在日本幾乎以殖民主義方式進行應用。但美國的政治控制只持續了很短的一段時間，而且美國的建議與建立已久的日本教育價值觀相互衝突。即使如此，在日本仍有許多準備接受合乎需要的變革的團體，熱

情支持美國提出的某些建議。

蘇聯的影響

蘇聯教育模式在世界範圍內產生影響作用的歷史也相當短暫。二十世紀20、30年代，別國對蘇聯模式的借用和仿效是非正式的、自覺自願的、但其範圍和規模很有限。沒有接受蘇聯的政治制度的國家的教育家們，對其教育思想持某種保留態度。然而，自1945年以後，包括東歐和世界其他各地的許多國家都經歷了馬克思主義──共產主義革命，隨後，他們便開始著眼於蘇聯的教育模式。由於蘇聯教育援助行動的發展，這一進程得到了加強。

蘇聯在1917年以後採用的高度集中的計劃經濟模式，以及30年代史達林有意地使教育的實施與這種經濟的需要相連結的作法，在1945年以後被其他許多國家所採用。法國和印度的教育規劃自40年代以後，顯示出與蘇聯30年代教育計劃的某些相似點（參見第三章和第七章）。1945年後，為發展中國家所廣為採用的人力規劃法（manpower planning approach）（Youdi and Hinchcliffe, 1985），是由蘇聯在30年代首次採用的。與此相類似，在60、70年代許多國家（包括英國和法國）內專業化技術學院或職業教育學院等高等教育機構和制度的建立，也是對蘇聯30年代的政策的仿效。順便提一句，人力規劃策略和建立專業化職業高等教育機構的政策，均未被美國採用。

系統地採用蘇聯經驗的國家主要是那些進行了馬克思主義──共產主義政治革命的國家。最引人注目的是東歐

各國以及古巴和中國。在大多數情況下，對蘇聯教育經驗的仿效是與這些國家派學生到蘇聯高等教育機構留學密切相關的。蘇聯是全世界各界之間居美國之後的第二或第三個擁有外國留學生數量最多的國家。蘇聯和其他東歐國家向發展中國家派遣了許多教育工作者。1945年後，蘇聯的教育制度向其他國家遷移的進程，與美國教育實務向第三世界國家滲透的做法沒有什麼區別。

蘇聯教育輸出的結果極為複雜。綜合技術主義教育哲學在社會主義國家的政策中被廣為接受，但這一政策的貫徹執行在許多國家遇到了困難。另一方面，還應說明的是：與蘇聯相比，德意志民主共和國的學校課程中，更系統地採用了綜合技術教育思想（Castles and Wustenburg, 1979）。

中國受蘇聯教育影響的歷程十分奇妙。1949年革命之後，蘇聯的教育思想隨之在中國被廣泛接受。但在1966年開始的文化革命期間，中國又試圖發展另一種完全不同的社會主義教育模式。然而，在所有這些變更轉軌的過程中，都貫穿著中國傳統文化和以孔子思想為基礎的教育傳統的影響，它們阻礙著來自蘇聯的或有中國本土淵源的社會主義教育政策的貫徹實施。

國家間課程的遷移：依賴還是自主選擇？

關於英國、法國、美國和蘇聯對國際教育影響的調查引發了對國家間課程借鑒性質的一系列討論。是否有些特

定的課程因素使依賴現象很容易發生？而在某些區域則總是自主性相對高些？工業不太發達的國家與其他國家相比，在這些特定的方面依賴性或自主性是否強一些？

課程目的和目標

　　自從殖民帝國宣告終結以後，目前幾乎所有國家都享有充分的主權。在獨立的國家中，教育目標和課程目標都由國家級、地區級、或地方級本地機構制訂。大部分國家的課程總體目標都強調對有利於國家或地區經濟發展、社會統一、政治穩定、文化自主的知識的傳授。即使是國力弱且貧窮的國家也很少允許在這些方面的外來干涉。事實上，許多政府在推行新課程時遇到的許多問題都源於教育體制未能成功地對新課程目標作出充分的反應。

　　國外對課程目標的組成的影響途徑，或是因為國家和地區的課程制訂者已經將外國的知識觀內化，自願接受國外觀念，或是由於採納了國外「專家」的建議。總體課程目標可能是地方性的，但具體課程目標則可能參考國外課程規劃專業技術和課程內容組織方式（課程方案）。

　　二十世紀60年代和70年代，就有許多將英國課程規劃移植到當時殖民地國家的例子——特別是在英語、數學或科學等學科領域。這些課程規劃與課程總體目標是一致的，其指導思想一般是：學習必須始於兒童的好奇心並利用他們的經驗和環境。

　　例如，肯亞引入學校數學改革計劃的研究（Lillis, 1985）表明，二十世紀60年代外來規劃被接受的原因在於

支持者在專業上的地位。在前殖民地國家，許多外籍教師和教育家支持這種移植，因而出現了以上情況。但是在以發現為中心的英國學校數學課程中的缺乏連貫性的缺點，和肯亞教育家及教育消費者的工具性觀點變得日益明確的情況下，外來的革新遭到了拒絕。

　　相似的例子在其他原殖民地國家也出現過（Lewin, 1985）。外來的課程目標或目的不會長久地被採用，除非它們與地方決策者的觀點一致。

課程內容

　　雖然課程的目標完全由國家和地方控制，但課程內容並不在同樣程度上由地方決定。一些關於有價值知識的方面都從一些大城市中產生及推廣開來。問題在於關於有價值知識的哪些方面是完全由大城市控制，哪些方面則可以由地方控制。

　　人們對普遍知識和特殊形式的知識是作過區分的。伯格和拉克曼（Berger and Luckman, 1967）認為，分界點在於公眾知識和個體知識間的區分。對哈伯馬斯（Habermas, 1974）來說，知識分為「技術知識」（technical knowledge）和「實踐知識」（practical knowledge）兩種。「技術知識」構成了現代工業狀況的組織基礎。它不僅包括使科技化經濟成為可能的科學知識領域，還包括組成複雜工業社會的經濟、社會和政治概念。這種技術知識在全球具有相似的特徵（McLean, 1985）。

大部分技術知識在發達工業化國家產生並得以規範，而較不發達的國家在引進這些知識時很少改動。對科學發展貢獻不大的國家依賴國外有創造力的中心機構。這些學科領域——不僅數學和自然科學，而且還有經濟、醫學和社會規劃（包括教育規劃）方面的知識——對發展中國家的課程來說，與對發達國家來說一樣是非常重要的。

　　但依賴並不是完全的或統一的。在一些不太發達的國家，本國科學家成功地吸取了最尖端的成果並將它們用於本國的特殊情境，解決本國的問題。在印度，農業生產力由於印度科學家應用了植物基因學原理而得到了戲劇性的發展（Schultz, 1982）。然而，在非洲國家，科學家即使在借鑒應用其它地區的成果方面，也總是顯得創造力不足（Eisemon, 1981）。

　　也有些國家試圖尋求西方科學的替代物——特別是在一些建立在傳統文化和實務基礎上的領域，如醫學。一些亞洲的大學建立了傳統醫學系，以便收集和發現傳統醫學知識，並納入學校課程。這一過程進展很慢而且會受到抵制。但這些發展表明，即使在技術知識領域，依賴也不是完全的和不可改變的。

　　「技術」知識方面的依賴在高等教育機構的課程中最為明顯。在初等和中等學校，數學和科學的課程內容不需要基於發達國家的最新發展成果。中東和其他亞洲國家的中小學傳統數學課程和歐洲一樣，屬於傳統文化的一部分。西方科學對非西方國家的滲透，則是透過那些接受西方科學並堅持在學校中傳播的大學機構進行。

「個體知識」（private knowledge）、「特殊形式的知識」或「實踐知識」存在於非正式的親密的人際交往中。不管其正規教育體制是否受控制、有依賴性，每個社會和社會團體中都存在這種個體知識。

實踐知識或個體知識在道德教育和社會教育的課程中占一席之地。學校教的宗教學、歷史、社會學、文學、美術和音樂，在某種程度上都是個體知識或實踐知識的延伸。在許多國家，它們反映了國家和地方的社會遺產。非西方的獨立社會中西方歷史、文學或宗教在課程中占主導地位的情況，主要源於長期的殖民統治以及獲得獨立的時間不長。許多原殖民地國家在獲得政治獨立後，就立即著手進行使這些領域的課程內容地方化的工作（Lewin, 1985）。

在這些「特殊形式的知識」中，得以保存的是組織知識的方法——探究的方法論。政治獨立後的非洲大學的歷史課程內容得以更新，主要反映殖民地人民的歷史而不是宗主國的歷史，但學科的組織以及研究方式並未改變（Denoon and Kuper, 1970）。

當它們必須滿足普遍知識和特殊形式知識的雙重功能時，有關課程內容的一些領域處在一種矛盾的境地。最明顯的是教育所用的語言。外來語言，主要是英語和法語，依然是教育媒介，因為它們是通向國際「技術」知識的路徑。地方性語言由於它們的特殊功能而得以發展（在有些教育階段有些學科領域其地位從未受到過威脅）。本地語言和外來語言的比重取決於不同國家的政治、經濟和社會

狀況，以及國際「技術知識」和地方性「特殊形式」知識在每一教育階段的相對重要程度。

教科書和其他知識來源

西方對教科書生產的主宰地位經常被援引為說明第三世界國家在課程方面的依賴性的例證。許多在課程中運用的知識透過印刷品和其他媒介（如電影、電視、錄影帶、廣播、磁帶等）傳播。不管是大量發行的學校教科書，還是發行量有限的深奧學術雜誌，都要透過商業化生產。如果幾個國家的出版商控制了世界大部分領域的出版業務，那麼，這種商業關係的功能是教育家們無法控制的。

教科書方面的依賴在高等教育階段，以及課程內容有國際交流的學科中尤為突出，特別是在尖端學科的內容方面。區域經濟決定了同樣的書在國際間發行的情況（即使每個國家的市場很小連翻譯也不可能）。占有國際市場、發行效率高、具有一套營銷體系的出版商總是占優勢（Altbach, 1985）。

在教科書需求量很大的地方——中小學和高等教育的普通學科——一般總可能由地方生產。實際上，宗主國的出版商經常為較不發達國家的特定市場生產書本。為符合這些市場的需要，他們必須對地方性的要求作出反應。雖然存在對國外出版商的經濟依賴，但不是課程依賴，因為國外出版商必須考慮地方對課程內容的要求。

書本的發行量不需要太大就能夠經濟合算，而生產技術方面的困難則不足以阻止國家和地方生產教科書。大多

數國家，除了那些最小的國家以外，都能夠生產自己的學校教科書。事實上，有許多例子表明課程內容改革後，教科書立即被替換了。主要問題是那些資金和編寫者都有限的、極小而貧窮的地區的教科書生產的地方化問題。

然而，許多國家在展示教材方面都比不上發達國家。有關資料表明，雖然發展中國家也建立了地方電視網絡，但是，其製作技術和節目質量比不上進口節目 (Rodwell, 1985)。那些討人喜歡的進口資料吸引了消費者。在學校課本方面也可能出現類似情況。事實上，在美國，一些發行量很大的教科書主導了美國50個有教育自主權的州，16000個學區。區域經濟和消費者對專業程度高的工作的取向，導致了少部分教科書主宰大規模的發行市場的現象。

但是在大多數國家，國家和地方教育當局有權決定學校應該用哪些教科書，不能用哪些教科書。這表明，教科書生產是否地方化屬於政治決策問題。地方生產的教科書比國際發行的教科書可能更貴且質量較差，但教育決策者通常能夠堅持使用地方性教科書並有辦法生產它們。

課程評量

宗主國的考試和評量方式在前殖民地國家依然存在，即使這些國家課程的其他方面已經為符合地方需要而作了改變。英國中等學校考試委員會——特別是倫敦和劍橋大學的中等學校考試委員會——依然影響著前殖民地國家，特別是非洲和加勒比海地區的課程評量，即使課程考試的內容已經地方化，對考試的控制權也已經移交到了本國有

關機構。這種影響由於使用傾向於採用英國標準的英國考試和評量專家而延續下來。因此，地方課程內容可能會為了迎合英國的評量標準和模式而組織。

還有證據表明，英國式的考試，尤其是側重於較深知識的學術性學科的考試，在一些課程自主權較大的國家依然存在。因此，在印度、巴基斯坦和澳大利亞還存在英國式高中考試，儘管這些國家和英國考試委員會早就不再有正式聯繫。

這種評量方面的依賴可能有其他方面的原因。考試作為高等教育和職業之間的分流手段是不太容易改變的。在競爭激烈的情況下，很難改變評量手段（Dore, 1976）。一些國家的中學考試由高等教育機構控制，而高等教育機構與宗主國教育機構之間的接觸和依賴勝於它們和本國教育體系的關係。

另一種形式的依賴則在許多沒有受過殖民統治的國家中呈現。美國的「客觀性」多項選擇考試和內部學程單元評量，在工業化程度或高或低的許多國家中都被採用。隨著教育的民主化和課程的多元化，一些傳統的評量手段就不再可行——如歐洲大陸考試的主要組成部分：口頭考試和寫論文。美國的評量體系被效仿的原因在於，它適合於發源於美國，但在許多其他國家得以發展的擴大招生和學校教育多元化的運動。

課程依賴的種類和程度

課程的不同方面的課程依賴程度有顯著的差異。在課

程內容和教科書方面的依賴程度高於課程目標和教學方法方面的依賴程度。在高等教育和高中等較高教育階段的依賴程度高於初等教育階段。依賴在課程內容和教科書方面特別明顯。這就牽涉到了依賴機制如何藉由大都市和邊緣地區的高等教機構運作。

課程依賴程度與國家的經濟發展水平之間的關係似乎不大。在撒哈拉以南非洲或加勒比海地區的前英國或法國殖民地國家依然存在課程方面的依賴。而在澳大利亞和紐西蘭這兩個獨立了近一個世紀、經濟發展水平較高的國家，也保持著與英國相應教育機構明顯相似的課程。

另一方面，正如第七章所要討論的，印度和其他印度次大陸的前英國殖民地國家已經顯示了高度的課程自主，特別是在教育的語言媒介、教科書和對印度的基礎教育哲學的明顯採納方面。即使高等教育體系在某些方面也已經脫離了英國模式，並且有一些最好的學院在發展學術方面已經贏得了聲譽，並爲其他更貧窮的國家所仿效。在印度，英國關於有價值知識的觀念的影響遠遠超過組成課程的其他因素的影響。

本書的第八章將著重討論拉丁美洲教育家所抱怨的文化和教育方面的嚴重依賴，而不是局外觀察者會有深刻印象的法國和伊比利亞教育傳統的保持。這種依賴（主要是對美國的依賴）在較高等的教育階段，以及國家級課程規劃等領域尤爲突出。而拉丁美洲人十分注重他們的文化自主權，極力反對在教育方面對其他國家有哪怕是很有限的一點依賴。

要確定依賴的緣由也是比較不容易的。在前殖民地地區，原因很明顯。課程是從前殖民地統治中延襲而來——或是作為殖民統治的延續，或透過後殖民影響。另一種「新殖民主義」（meo-colonialism）的案例，則指那些宗主國對未受殖民統治的獨立國家的影響，特別是美國對拉丁美洲的影響或蘇聯對中國的影響（見第八章和第十章）。

然而還存在一種對不明確的或滲透式的宗主國的依賴。所謂依賴性的國家通常與地理和政治上不明的一些諸如「西方科學」之類的概念有聯繫，而這些概念可能在總體上被工業化國家所壟斷，但不屬於具體的某個國家。儘管英語作為教學語言——這一點常被作為對英國或美國的依賴的一種標誌——也已在國際範圍內得以滲透。新加坡不再提倡地方語教學而重新維護英語媒介的中心地位，並不是想重新建立與英國的殖民關係，而是因為英語作為國際性語言對快速發展的經濟帶來商業上的便利。

課程依賴現象的複雜性表明，必須先仔細考察對依賴現象的解釋，然後再決定它們對理解整個過程有多大幫助。

課程依賴現象如何產生和繼續

針對課程依賴現象如何產生和繼續的問題，有三種論點值得一提。第一種論點是：教育方面的依賴是工業不發達國家在經濟和政治方面對工業發達國家的依賴的結果。教育僅僅是對廣泛的經濟和政治關係的消極反映。

第二種論點是：對課程依賴現象應該主要從教育內部的關係去分析。各個國家中的教育和課程的權力結構在國際範圍內普遍適用。一些發達國家的教育家和教育機構能夠對較不發達的國家的教育家和教育機構施加影響。「教育方面的依賴」可能相對獨立於政治和經濟關係。

第三種論點是：教育方面的依賴可能源於較不發達國家的內部狀況。一些國家的地方教育家可能會接受依賴關係，而另一些國家拒絕接受這種關係的原因則在於每個國家的普遍模式和教育權力結構。這一「解釋」與本書以後幾章討論的論點一致：即，教育家們對有價值的知識的根深蒂固的看法決定了他們對課程改革方案的反應。

課程依賴作為經濟依賴的產生

70年代早期教育依賴的觀念在教育家們之中開始傳播之時，它是與50年代以及60年代出現的大量經濟依賴理論聯繫在一起的（見Carnoy, 1974; Altbach and Kelly, 1978; Berman, 1979; Arnove, 1980）。

這些理論由拉丁美洲學者提出，但因福蘭克（A. G. Frank）的著作而提高了知名度（見McLean, 1983）。福蘭克（1967）提出了三個命題。宗主國的資本投資使拉丁美洲國家「不發達」和貧困化，因為這些國家的資本輸出超出資本輸入，還因為宗主國的資本投資集中在傳統經濟領域，如種植業和採礦業。宗主國的投資利益受到殖民地國家的地方精英的籌劃和保護，因為他們認同宗主國的利益而不管本國人民大眾的利益。

有關教育依賴的爭辯集中在最後一個命題上。教育是造就地方精英並使他們脫離廣大人民的手段。透過教育內容促使地方精英認同宗主國的價值觀，並維護宗主國的利益。反殖民主義的立場觀點中也有類似的論述，如法農（Fanon, 1967）就分析了藉由教育施加給殖民地國家地方精英並得以維持的心理統治。

然而，為教育依賴提供證據的經濟依賴理論本身也遭到批評。卡多索（F. Cardoso, 1972）、沃倫（B. Warren, 1973）及其他人認為，經濟依賴在某種程度上取決於殖民地國家政府的自由選擇，它與經濟增長和經濟發展不一致。其次，他們認為殖民地國家的精英雖然可能在某種程度上是宗主國資本的代理人，但他們在影響國外企業在本國的活動方面還是保持著很強的自主性。

對赤裸裸的經濟依賴理論的抨擊，也對取之於它的教育依賴觀點的價值作出了一定的質疑。教育依賴不能簡單地與經濟衰弱聯繫在一起。教育也不太可能培養柔順恭謙的殖民地精英。

對經濟依賴理論的批評者，承認它在有些國家可能是適用的，這些國家主要是那些獨立後經濟還依然以原材料出口為主（在國外企業的控制之下）、行政體制（包括教育體制）主要由外來人員領導的非洲和加勒比海國家。當然，自60年代後，這類國家在第三世界國家中已為數不多。

對將經濟依賴理論應用到教育體系中的做法還有一種批評。隨著殖民統治的終結，要判定國外經濟機構在政治和行政上在何種程度上控制了獨立國家的教育變得相當困

難；即使這些國家的經濟依賴它國。最多可以說，經濟壓力會產生間接的影響。

　　許多國家的教育和課程方面的依賴程度之深，都是無法簡單地用經濟依賴理論可以解釋得通的。國家間的教育依賴程度差異如此之大，以致於這樣的經濟理論並不能爲全世界的依賴現象提供一種令人滿意的解釋。

教育控制的方式

　　課程依賴可能純粹是教育內部關係的產物。有好幾種模式和理論認爲學術或教育「帝國主義」的機制相對獨立於廣泛的政治和經濟關係。高級教育機構傾向於控制國內外的下層教育機構 (McLean, 1984)。

　　這種控制有兩種形式。地位高的大學傾向於控制地位低的高等教育機構（在師資聘用、創造新知識、決定主要知識「典範」方面）(Mills, 1970)。高等教育機構傾向於透過它們對教師、督學和課程設計者的影響，來決定和控制在中小學裡傳授的知識（見Bernstein, 1977; Becher and Maclure, 1987)。

　　當這些機制應用到發達國家和次發達國家的關係上時，它們是這樣起作用的：殖民地國家的大學教員在確定他們所傳授的知識的時候參照高等教育機構。聯繫的產生過程是：原高水平宗主國大學的畢業生到殖民地國家的大學任教（一開始是外來師資，逐漸轉變爲接受國外教育的本國師資）。設計或實施課程的教師和教育行政官員都在國立大學受過教育，而這些大學的教師則在宗主國受過教

育並接受了宗主國的思想觀念。教育家們（行政官員和課程設計者）也可能在宗主國的大學學習過教育研究課程。

　　然而，這些一般命題必須作為暫時性的假設而不是鐵的原則看待。即使是在宗主國大學受教育的殖民地國家大學教師，也會平衡對母校（從這裡他們獲得了聲望地位）的服從和地方利益的關係。有時候這些聯繫弱化或中斷了（雖然在中斷之前，殖民地國家的教育機構還沿襲那些過時的思想觀念）。也有殖民地國家的大學成為世界一流大學的例子（雖然通常是在與國家經濟和環境相聯繫的領域）。在許多國家，大學教員來自不同國家的高地位大學，其中沒有哪個團體能長期占主導地位。

　　把這些命題應用到中小學水平時則更須謹慎。殖民地國家的中小學教師（除了最窮的殖民程度極高的國家中的外籍教師）很少有出國受教育的經歷。因此，教育方面的聯繫對任課教師的影響方式不是直接的。初等教育（和非學術性中等教育、成人教育及非正規教育）受那些主要由大學維持的且跟大都市聯繫的影響最少。這些類型的教育相對來說也更為自主。

依賴與地方政治、文化和社會狀況

　　兩種地方狀況和特別狀況可能影響不同國家的課程依賴程度。第一，對課程實踐可能有相當影響的普遍規範和制度的歷史遺產——強有力的前殖民傳統可能削弱殖民主義的影響，而強有力的殖民統治遺產造成的依賴，可能高於可由教育制度上的聯繫來解釋的依賴。第二，課程決策

者自身的政治或專業利益，也可能使他們根據依賴對他們利益的影響來採取或否絕依賴政策。

在最晚脫離歐洲殖民統治的國家，課程依賴現象尤為突出；因為殖民統治對制度和盛行的價值觀有著十分強烈而持久的影響。事實上，這種現象會在沒有任何宗主國的後殖民干涉的情況下依舊延續下去。教育消費者和教育政策制定者會認為以前的殖民地方式更好，因為他們已經將它們內化。美國對一些前歐洲殖民地國家的干預——對已建立的殖民化教育的革新（如在奈及利亞的Nsukka建美國式大學）——其失敗就是一個例證。這一現象在最有可能懷疑變革（改變規則、降低水準）的評量和考試過程中尤其嚴重。

相反地，殖民前的模式和體制強大的殘存勢力也會削弱殖民影響。伊斯蘭教模式和制度對埃及的影響以及巴基斯坦模式和印度教對印度的影響，都削弱了殖民主義和後殖民主義的有價值的知識觀的影響（除了在兩者相統一的情況下）。1979年的伊朗革命和巴基斯坦伊斯蘭教育體制的復興都顯示了殖民前遺產的力量。美國對拉丁美洲任何教育階段課程的影響都不如原來的法國、西班牙或葡萄牙等宗主國的影響。

對依賴的持續接受或拒絕可能是出於對課程決策有影響力的那些人的政治利益或狹隘的專業利益。這一點在語言政策的政治層面上得以體現。奈及利亞各種團體之間微妙的政治平衡，使每一教育階段的教學語言依然是英語。印度的非印度語團體力爭保持英語的官方語言地位，因為

印度族的壟斷會影響他們的就業機會。非洲的教育消費者寧可選擇「英國式」教育，因為這能帶來經濟上的優勢。大學學者會支持與他們國外的母校有聯繫的教育實踐，因為這有可能為他們帶來專業上的優勢。

地方選擇的重要地位似乎表明依賴有時並不像人們想像的那麼嚴重。但是一旦這種選擇的結果是傾向於維持外部聯繫，它就給了宗主國機構以更大的權力與影響力。對依賴的選擇是自由的，但這種選擇確實會導致對次發達國家的課程改革政策有影響的自主性喪失。

以下幾章將更詳細地考查課程依賴和遷移的各種情形。透過長時間的殖民統治，英國對印度教育已經產生了深遠的影響。但在印度，殖民前的文化模式影響也很深遠，因此1947年後，政府試圖進行具有印度自身特色的課程改革。在拉丁美洲，1800年後法國的百科全書主義未受任何阻礙地傳入拉丁美洲，但二十世紀後其他發展模式贏得認可之時，建立在百科全書基礎上的課程受到了挑戰。1945年後，美國對日本的五年軍事占領期間，對日本的影響最大。這些影響由於強勁的日本傳統文化和經濟的高速發展而有所收斂。相反，中國依然是第三世界國家，卻堅持本國教育傳統。作為1949年革命的結果，中國曾採用蘇聯教育模式。但60年代後，中國試圖自己把握教育和課程策略。

7 印度課程：英國傳統、古代哲學及獨立選擇

　　殖民統治者從1781年開始介入印度教育事務。長期的殖民教育使英國教育哲學在印度深深地紮了根。然而在規模、文化和經濟上都與原殖民宗主國有天壤之別的當代印度，與英國的殖民教育遺產似乎不再有多少關聯。

　　1983年印度人口超過了七億。按國民平均所得計算（1983年260美元），印度屬於全世界最貧窮的15個國家之一。大多數人口從事農業生產。但同時，印度又是世界十大工業生產國之一，有20%的人口為城市人口，有八個人口超過一百萬的大城市。1947年獨立後，殖民地印度分為穆斯林巴基斯坦和印度。但印度也還存在著宗教派別不同的少數人口（伊斯蘭教徒、基督徒、佛教徒和錫克教教徒）。大多數人能懂作為官方語言的印度語，但全國還有成百上千種其他語言存在。

　　這些經濟和文化條件給印度的教育改革製造了持續不斷的壓力。低收入以及大部分人口為農業人口這兩個原因限制了教育的普及，要求教育與大多數農業人口的生活條件的改善相結合。然而都市和工業的快速發展又阻礙了教

育的純農業導向。印度宗教和語言的多樣性要求教育反映各種不同文化的期望和要求。而國家的統一，以及其不結盟國家的立場，又要求透過教育塑造獨特的印度特徵。這種印度特徵的塑造不僅受到傳統文化多元化的威脅，還受到以英國為主的外來文化和教育模式的侵擾。

什麼知識？

印度現存有幾種不同的知識傳統。一種是英國要素主義的殖民遺產。與之截然相對的是甘地（M. Gandhi）的基礎教育（Basic Education）思想，它產生於印度民族獨立運動。另外還有傳統的、殖民前的知識觀念，它來源於印度教傳統，還有伊斯蘭教和佛教傳統。

在對印度實行殖民統治的早期，英國要素主義傳統就已在印度建立起來。1835年，麥考萊（L. Macaulay）爵士在《教育紀要》（*Minute*）中提出了使印度教育效仿英國英才教育體系的企圖。它所建議的教育目標是：將印度人培養成完全持歐洲和英國的文化觀以及價值觀的人（Macaulay, 1835）。英國要素主義的主要原則，如前所述，是道德教育、個人主義和專業主義。有價值的知識主要源自人文學科，並且只有政治和社會精英才有學習它們的資格。在這些原則的指導下，對古希臘與羅馬以及後來的英國與歐洲的文學、歷史和哲學的學習就成了首要任務。麥考萊的意圖在於：在印度英才教育體系中用同樣的要素主義原則教授同樣的知識內容。

當然，在選擇印度本土的知識內容時，也必須遵循同樣的原則。那些反對麥考萊的計劃的東方學（orientalist）專家認為，可以在不改變要素主義原則的基礎上將印度語言、文學和文化作為課程的組成部分。

　　英國殖民教育家們總是批評印度教育雖然維持了要素主義的學科內容，卻未保持它的深層精神（Mayhew, 1926）。在印度教育中彌漫著工具性態度。有關要素主義課程必須致力於提高政治和管理人才的服務質量、工作能力和公正的品格等觀念不受重視。在任何教育階段都幾乎不存在個性化的教學。相反，以嚴格考試來選擇英才、在早期教育階段就進行專業教育，和人文學科的地位較高的觀念，倒是在缺乏強有力的道德原則和個人主義原則的情況下被制度化了。

　　50年代根據工業發展規劃，在印度興建了工程、管理和其他職業領域的選擇性極強的專門學院之時，可能是這種功利主義觀點使自然科學和工程等學科很快就贏得了很高的地位。但是，儘管這些學科已贏得一定的地位，英才教育的早期選擇和早期專門化原則並未更改。並且，儘管學生和政府用功利主義（特別是與經濟相聯繫的功利主義）的眼光看待課程內容，高等學府的教師仍然強調人文學科，或至少是「純」學科的重要性，這些學科甚至在職業性的學程中都占優勢（Sancheti, 1986）。

　　最激烈的變革是由甘地所發起的。1937年制定的瓦爾達（Wardha）基礎教育方案建議為所有7至14歲的兒童提供基礎教育。基礎教育必須進入工作生活和成人生活之

中。學校教學語言必須是本地語而不是英語。教育必須以地方文化爲出發點。課程必須包括傳統工藝的學習和實踐，例如，一些鄉村裡的紡織工藝（Nurullah and Nail, 1951）。

甘地的計劃是在反殖民統治的民族鬥爭的背景下制訂的。它的重點在於農民的日常生活。英語被摒棄了，不僅因爲它是殖民統治者的語言，還因爲它主要由那些脫離廣大人民的少數印度城市英才所使用。它對傳統工藝的強調，與對大多數人民的日常生活而不是異族統治者的文化是相一致的，儘管它規定這必須作爲學生勤工助學的途徑。

從1937年起，許多邦都採納了基礎教育政策，中央政府於1947年也採納這一政策。但儘管政府贊同這一政策，基礎教育哲學，特別其中有關工藝訓練方面的哲學，從來都沒有在獨立印度的課程中占主導地位。

殖民前的知識觀分別與印度教和伊斯蘭教有關。印度教的兩個概念——羯摩（Kharma）和達摩（Dharma）對教育觀念有重要影響。羯摩決定個人所賴以生存及在其中輪迴的那個社會的級別。達摩是指由個人的級別所決定的社會職責。個人在現世的表現決定了他在下輩子中級別的升降。

羯摩與印度社會的種姓制度是一致的（婆羅門——擁有最高學識的高級僧侶；刹帝到——統治者和軍人；吠舍——商人和井底之蛙；首陀羅——農民和手工業者；賤民）。最高種姓的達摩（法）表現了精神沉思與啓蒙。正

如英國的要素主義傳統那樣，它十分注重內省的道德知識。就像在英國那樣，印度也存在著知識必須為特殊社會階層服務的思想（Basu, 1957）。

但印度傳統與英國傳統是有區別的。在印度傳統中，最高層次的知識是精神境界和內心修養，而要素主義知識觀將那些對政治統治者（首先是國王，然後才是牧師）來說有價值的道德知識列為最高層次的知識。這種政治上有益的道德知識的價值，對那些在英國式英才教育機構受教育的印度人來說，是不太容易被內化的。

印度教不是教條化的。它具有很大的包容性，能包容不同的甚至是相對立的知識體系和觀念。英國要素主義的觀念——有關個人的地位、社會本質及知識的特性的觀念並未遭到印度人的抵制，他們反而努力使兩者調和。其結果是表層性的——最終是工具性的——接受了要素主義觀念，卻不能完全地適應這些觀念。

印度認識論編纂在公元1000年以前的四部吠陀（Vedas）中。它們具有文字典籍和權威。教育機構是根據這些知識傳統建立起來的，這些教育機構中，有在公元300至公元1100年間吸引了亞洲各地學生的入學。吠陀知識後來擴展到數學、建築和雕塑。但這一教育傳統在十八世紀英國入侵前已基本消失。在殖民統治期間和殖民統治之後，一直沒有強有力的、能使印度教育在此基礎上發展的正規教育機構。十八世紀的印度傳統主要靠家庭中的價值觀，而不是正規教育結構來維持。

印度教中的一些因素，特別是種姓制度和輪迴思想

(other worldiness)，在十九世紀末、二十世紀初的民族運動中遭到了拒斥。甘地倡導的教育哲學強調為低種姓的人提供社會機會，強調經濟活動。民族主義的教育方案是對英國和印度傳統的雙重衝擊。

伊斯蘭教的知識觀對當代印度有一定意義。雖然在印度只有少數人是伊斯蘭教徒，但在殖民前和殖民早期，伊斯蘭教學校發展很快並吸引了許多印度學生。伊斯蘭教教育是印度遺產和歷史的一部分。

伊斯蘭教的認識論是威權式的和啟示錄式的。它認為，真正有價值的知識不是由人創造的，而是真主的啟示。它的來源是古蘭經及一系列古人對古蘭經的神聖解釋。伊斯蘭教育的最基礎的步驟就是學習和研究古蘭經。

古蘭經以及其他文本的內容大多是道德性的——有關個人如何服從真主以及有關人生意義的一系列箴言，在公元六世紀的南非，伊斯蘭哲學家如安薩里（Ghazali）和赫勒敦（Khaldun）曾經注重過數學、物理等理性學科，但這主要是對歐洲知識作出的反映。然而，這類知識僅限於伊斯蘭教育的高等教育範圍之內。相反，全民化伊斯蘭教育的基礎工作是傳播聖書的道德知識（Tibawi, 1957）。

伊斯蘭教育有關有價值知識的觀點與英國的要素主義並不是不一致的。柏拉圖式的有關價值知識的觀念注重教育的道德目的，注重書本來源，注重直覺而不是理性主義或經驗性的學習方法。伊斯蘭教權威人士與英國殖民教育的衝突主要不是認識論的差別（差別並不很尖銳），而是在於英國教育中的基督教因素。更激烈的衝突恐怕是，印

度獨立後，伊斯蘭教的觀念與技術主義、實用主義和教育的世俗特徵之間衝突。

英國殖民教育的有價值知識觀與印度淵源的知識觀的尖銳衝突主要是關於印度學校應傳授西方知識（語言、宗教、文學、歷史和表現藝術），還是印度本土的文化知識的衝突。但是英國的要素主義和印度傳統（以及在某種程度上伊斯蘭傳統）都已將重點調和到了道德教育、精神知識和人文知識方面（雖然伊斯蘭教並不像要素主義或印度教那樣地強調英才主義）。英國的要素主義能在印度站穩腳根的原因之一，是由於殖民者的價值觀與本地傳統是相同的。

試圖使課程為更多的人所享有的做法，如甘地的教育方案；以及加強課程與經濟的聯繫的做法（比如那些對獨立後的印度有一定影響的實用主義以及綜合技術主義的觀點）；都遭到了英才主義和人文主義知識觀的阻礙，而這些知識觀雖然主要是英國殖民主義的殘餘，但也受到古老的本地傳統的支持。

正如其他國家的情況，教師，包括中小學和大學教師，是這些傳統課程觀的主要支持者。

為哪些學生？

在印度英才教育體制中，特別是高中和高等教育水平中，英國的知識觀十分盛行。然而1947年獨立後，政治和教育目標轉變成為教育機會的民主化，特別是在初等教育

（和成人基礎教育）階段。近年來在推廣全民基礎教育方面的成功，給初中教育機會開放問題造成了壓力。基礎教育機會的擴大，使要素主義課程更難找到其存在的理由了。

但是教育機會並未擴大到教育機會均等或普及的地步。除了初等教育，每一教育階段的選拔都是線性選拔，無論其選拔方式是透過考試的正式選拔，還是藉由區分學生的經濟能力，和家庭所能承擔的升學費用而進行的非正式選拔。在這種殘酷的選擇制度，和許多人過早地放棄學習的情況下，較高階段的教育支配著較低階段的教育的特徵。即使政治願望能夠對要素主義課程的支配地位提出挑戰，其選拔過程的性質也會作為一種主要的阻力而起阻礙作用。

初等教育

1950年，印度憲法規定實行6至14歲兒童的十年制普及免費義務教育。當時，6至11歲兒童中只有43%受完全初等教育。到70年代，二十一個邦中有一半實現了普及初等教育（6至11歲學齡組）。從整個印度來看，1982年這一年齡組的平均在學率為87%（India, 1980）；6至11歲女童的在學率（1982年為69%）比男童低。

初等教育在學率低主要不是因為6歲兒童最初的入學率低，而是因為輟學率和留級率高。這導致了相應年齡組兒童進入中學的比率只有44%（六年級至八年級，1982年）（India, 1984）。主要問題在於說服那些已上學的學

生完成初等教育學程，幫助他們提高學業水平以防留級。

　　在殖民期間的和獨立後的階段中，初等學校都不是由聯邦政府管轄的。十八世紀和十九世紀，初等學校是由本地的私人開辦的——建立在收費的基礎上。也有一些基督教團體學校，但它們的影響不大。

　　十九世紀晚期，殖民政府開始為初等教育提供資金，縣和市教育局負責提供大部分資源，實行有效的管理。1947年後，二十一個邦都各自控制本邦的初等教育並在理論上負責其財政。實際上，初等教育的開辦常常是地方事務，並且往往由那些收費的私人團體執行。

　　對初等教育課程開發和改革給予的關注很少。由於地方對初等教育的有效控制，大批私立學校的存在，國家撥款的稀少，以及教師的地位低落等原因，大規模的改革總是受到阻礙。60年代到70年代期間初等教育入學率的急劇上升，也表明重點主要放在教育機會的擴展，而不是初等教育的內容上。

　　如1980至1985年的國力計劃中所述，聯邦的總體初等學校課程目標是：

　　「課程的基礎目標在於培養人道的價值觀、寬容度，培養科學態度和精神以及個體向周圍環境學習的能力，促進國家統一。」（p.355）。但是初等學校課程的詳細內容是由邦或者縣制定的，並且課程內容的範圍很有限。在許多學校，除了3R（讀寫算）之外，基本上就沒什麼其他內容；要說有，也可能只有一點地理和歷史知識，在中間學校階段則增加一門外語和一些科學類課程。

實際上，初等學校的課程被考試所支配。校級或縣級／市級考試決定了小學生的升留級，並且決定他們是否能從五年制小學到三年制初中學習（八年一貫制基礎學校除外）。學生入高中的考試一般由邦負責。這種終結考試更多地反映了高中在課程方面的優先權，而不是有關初等或初中教育的官方目標。

這些考試不僅導致教育浪費以及留學率高的現象，並且使教學僅限於以考試定位的知識範圍，僵化且狹隘。它們表明在殖民政府和剛獲獨立時的政府統治期間，初等教育還是首先被當作中等教育的預備，即使只有少部分小學生升入中等教育機構。

英國有關有價值知識的要素主義傳統幾乎未觸及到初等教育。但是推行另一種完全不同哲學——如基礎教育哲學——的失敗，表明英才教育對較低教育階段的支配地位並未受到挑戰。

高中和高等教育

高中（兩年或三年制）的目的是選拔英才。1979年至1980年間，14至17歲年齡組中上高中的比例只占21%（1950至51年間只占5%）（India, 1981）。高中入學受兩方面限制，一是選擇性考試，二是學生家庭的經濟能力，因為在一些邦，大部分高中是私立的。

政府對這些學校總是提出英才化的目標。但是1947年印度獨立後，選拔的目標有所改變。在殖民統治時期，中學模仿英國公學而開設，目的是培養管理階層。1950年國

家經濟計劃頒布後，爲了實現工業發展的目標，重點轉向培養科技專業人才。該計劃中唯一的變化是，1950年後中等教育必須爲那些社會背景不利的團體（特別是「賤民」（scheduled castes）和部落民族）保留一部分名額。

　　儘管1950年後，高中的目標有所改變，但課程還是保持相對穩定。課程包括數學、科學、歷史、地理等傳統學科，專業化強，相互之間是獨立的。教學媒介通常是印度語，英語作爲第二語言進行教學。

　　高中課程受考試支配。中學畢業證書和高級中學證書是從殖民時期延續下來的，與從前的英語學校證書和高級學校證書一致。學校考試由大學組織。它們注重每門學科，每個學生必須考四門。評估由校外機構進行。其結果加強了標準化學術性課程。

　　高等教育機構有決定整個教育體制特徵的傾向。在印度有100多所大學或大學水平的教育機構。雖然1979至1980年期間，只有4%17至23歲年齡組的青年上大學，印度大學生人數還是很多。從十九世紀晚期開始，印度的大學生人數總是遠遠多於政府的需求。

　　十九世紀印度發展大學期間，主要模仿倫敦大學而不是劍橋和牛津。印度的大學成爲學院間的聯盟，其中各學院負責本科教育。大學負責研究生教育。這些聯盟形成的原因，是大學在控制考試方面的權威。這些並不是由教學機構制定的考試，支配著印度的高等教育及課程。那些以傳統寫文章形式進行考試的學科專業吸引的學生更多些。這些學科通常是人文科學（Ashby, 1966）。

與高等教育學生人數很多——1979至1980年間為三百多萬——的情況相伴而來的，是大規模的高等教育機構，參差不齊的學術水準及很高的師生比例。這些情況使傳統人文學科成了那些資源貧乏、質量低下的學院中較窮的、不太合格的學生最易選擇的學科，而這類學院參加由學院外部組織的考試時，不合格率是相當高的。

1947年前和1947年後，聯邦政府對低品質高等教育的發展所採取的措施，都是發展側重於理工科的高品質大學。這些由國家而不是邦撥款的高品質大學，在教學和研究方面的聲望總是很高。但大部分高等教育學生還是在低品質學院中主要學習人文學科。

要素主義有關有價值知識的觀點，在印度的教育模式中以一種有限的和歪曲的形式得以推行。整個教育體制中嚴格的層層考試選拔，強調了有關有價值知識的英才主義傾向——即只有少數人有權學習。較高教育階段的高度專門化課程不太能夠改變，如果這種改變會導致選拔程序的相應變革的話。人文學科在高中課程中的地位仍然很高，因為這些學科為品質不高的學院中的窮學生提供了更多的成功機會。

課程爭端

課程爭端圍繞著三個主題。第一，初等教育，特別是「基礎教育」的內容和組織問題。第二，高等教育內容與「人力規劃」的關係及其相互影響問題。第三，對傳統語

言和文化在課程中的地位問題也一直受到爭議。在每個爭論主題中，都存在著1947年後印度政府所推行的課程方案與教師們，特別是大學學者們從殖民時期繼承下來的有關有價值知識觀的衝突。

基礎教育

　　1947年後，甘地的基礎教育政策成為官方政府政策，並且，到60年代中期已有幾乎三分之一的初等教育學校被命名為「基礎教育學校」。它的目的是解決將來仍舊留在農村地區生活的兒童的教育問題，使他們具備農村地區發展所需的知識、技能和創造力。但是，儘管「基礎教育」政策起源於印度民族主義運動，並且明顯地切合當前的問題，它在印度的推廣度還是有限。

　　基礎教育的實施遇到了一系列阻力。首先，大多數基礎學校（並且實際上許多兒童的受教育年限）只有五個年級（6至11歲）。這些學校無法將課程與手工業結合起來，因為五年制學程的時間太短，並且11歲就要畢業的兒童遠遠未成熟。同樣，基礎學校與那樣能夠在課程中側重手工勞動的成人教育計劃之間的聯繫也很少。儘管1947年後有國家政策的鼓勵，成人教育仍舊未得到多大發展。

　　第二，政府總體經濟策略並不注重與基礎教育方案有聯繫的地方的、農村的、及自給自足的活動。1950年的五年計劃側重工業發展。即使60年代政府發起的農業上的「綠色革命」的重心，也放在由中心機構研製而不是地方農民發明的先進技術（化肥、灌溉、種子改良）的應用方

面。在這些經濟發展策略中，甚至與基礎教育有關的手工技術——尤其是紡織類職業——似乎也與農村經濟發展無關。

第三，由於印度的大部分人口是農村人口，源於農村的基礎教育概念並未觸及生活在加爾各答等大城市的窮人。直到最後，政策才開始為這些城市中的青年，特別是為14歲以上會去城市工作的年青人，制訂手工訓練計劃之類的政策（India, 1980）。從30年代開始的基礎教育運動的經濟和社會關注點，在某種程度上已從農村移向城市，從兒童（6至14歲）移向青年（14至20或25歲），這些為青年人制定的工作導向的方案中，包括初等教育程度的讀寫算等傳統課程。

實施基礎教育哲學的另一個障礙，是民眾對透過教育實現社會流動的期望。終結性的基礎教育，很難為個人的社會流動提供機會。人們普遍將初等教育看作升入中等教育和高等教育，以獲取有工資的職業機會的基礎。民眾的壓力將初等教育與中等和高等教育緊密地聯繫在了一起。

這些障礙加強了學者和教師對基礎教育課程的敵意和抵制。他們相信以人文學科為基礎的教育的價值，以及初等教育與較高階段教育之間的等級關係，而這些觀念與自發形成的、以另一種哲學為指導的基礎教育的觀念是格格不入的。為地方社區服務的基礎教育課程與傳統的知識價值觀不符。

英才教育與科技發展

1950年五年規劃後，政府的工業化策略開始干預和控制許多工業活動，特別是在鋼鐵、煤、重工業和化學等部門。政府要求教育體系為這些工礦企業的「人力」需求服務而採取的干預形式，是財政撥款與管理控制。

為適應這些經濟目標的要求而對教育實行的變革主要集中在高等教育階段。在科學、技術和管理等領域建立了研究機構和高水平的教學機構。政府宣布其中的九個機構為國家重點。這些高水平的機構享有很高的聲譽並獲得大量的政府撥款。它們招收能力非常強的學生，這些學生以後能進入最高管理階層（Sancheti, 1986）。這些機構還進行世界公認的傑出研究，如「綠色革命」過程中的那些研究（Schultz, 1982）。

但是，最好的教育機構的革命並未波及到教育體制中階層較低的那些機構。大多數大學生，特別是在聲望不高的大學中學習的學生，依然攻讀人文類專業；攻讀理科專業的學生占25%；工科和藥科學生加起來只有10%。

聯邦政府試圖透過提供全套「科學」材料等方法，來加強和擴展科學教育的方案遇到了阻力，這些阻力包括：大部分學校及其學生的經濟狀況差；以及為符合民眾需要，高等教育和高中教育持續迅速發展。

政府同樣重視中等教育階段的手工教學（為技術性職業服務）的發展。但這一革新僅限於少數幾個地區（India, 1980）和以前的中等「商業」（trade）學校（這類學校數量很少）。這些教育機構費用昂貴，未能推廣。

幾個最優秀理工科高等教育機構孤立於教育體系的其餘部分。推廣理工教育的努力已經宣告失敗。要素主義傳統的至高無上的地位依然未受到挑戰。

本土語言和文化

獨立前與獨立後，印度一直經歷著是否以印度本土文化取代英國殖民者的文化來編制課程的爭論。支持課程內容本地化者的論點有兩個：第一，課程內容必須反映學生的文化生活和社會生活。不然，在學校裡傳授一種異族文化會引起學生的心理衝突和社會衝突。第二，學校課程必須有助於形成和發展民族認同感和新獨立國家的團結性。由本土語言、歷史、藝術、地理和其他學科組成的課程有助於鞏固國家統一。

1947年後，宗教不再是印度學校課程的主要問題，因為有84%的人口是印度教人口，而在其他宗教中，只有伊斯蘭教享有一批忠實信徒（占人口的11%）。印度教是一種以家庭為中心的宗教。並沒有人強烈要求建立基於印度教的公共教育。

將大部分傳統學校學科內容本地化的問題圓滿地得到了解決。雖然殖民地時期的課程包括英語和歐洲歷史、歐洲文學、藝術等學科，但印度獨立後，大部分教學大綱內容都取材於印度文化和環境。這一運動不僅受到了學校教師和考試機構對本地文化的支持，還受到了出版界的支持。1961年起，國立研究和培訓委員會開始生產模範學校課本，課本的內容反映了印度的狀況（Singh, 1985）。

從殖民統治時期開始，語言問題就相當突出，並且至今影響著有關課程的爭論。為使用英語的殖民管理機構培養職員的英才學校和大學將英語作為教學語言使用，因此，印度獨立之時，名氣較響的學校都使用英語。

在殖民統治時期，也有一些教育領域使用非歐洲語言。一些傳統學院從十八世紀開始在殖民政府的鼓勵下，對印度人使用梵文（經典書寫用語），對穆斯林則使用波斯語和阿拉伯語。這些語種有著豐富的文獻。但它們不是用於日常生活的白話。大眾化的印度語在初等教育中被廣泛使用，儘管有人希望採用英語以便為學生進入更高級的教育機構作好準備。

十九世紀後印度的民族主義運動十分強調將印度語作為教育和管理語言。但在1947年，以印度語為母語人口只占總人口數的30%左右，主要集中在印度北部。其餘還有800多種其他印度語言，雖然1950年憲法認可的14種印度語言是大多數人口所使用的語言。

對使用印度語的反對者主要是其他語種人口，如南部的泰米爾人（Tamil）和東部的孟加拉人。非印度語人種擔心，若使用印度語作為獨立印度的官方語言，以印度語為母語的人在就職競爭中會占優勢（das Gupta, 1970）。一些非印度語團體支持將英語繼續作為「中性」官方語言，特別是那些德拉威語族（Dravidian），如泰米爾語族人，他們的語言結構與印度語差距很大。

1950年憲法所採取的解決辦法是將印度語定為印度官方語言，但到1965年之前允許在印度所有事務方面使用英

語作爲過渡性語言。憲法規定的其他語言可以作爲各邦的官方語言來使用。

在教育體制中，1956年實行「三種語言公式」。初等教育可用母語教，但本邦語言和印度語可以作爲一門課程來教。中等教育，以及在某種程度上高等教育機構使用本邦語言。如本邦語言不是印度語，則將印度語作爲第二語言來教。

這一語言公式尊重了地區和個體的文化特性。它也受到了有關人民的支持。幾乎所有被官方承認的語言都有至少十萬子民，而且大部分語言都有相當深厚的傳統文化。在印度並不存在其他國家所面臨的那種其學校語言所使用的人很少，文化基礎又薄弱的問題。

但是這一語言政策給課程發展帶來了困難。初中和高中的學生可能將許多時間和精力花在學習語言結構，甚至拼寫方法都不同的語言上。這種學習通常使用的是印度教育中的機械式學習法。對學生的語言要求可能會使學生因學習內容的不同而受到更深的異化。

英語作爲一種非官方的通用語言而存在，主要在廣大社會的精英階層和地位較高的教育機構中使用。然而，它的存在主要不是由於強大的殖民傳統，而是由於其他原因。它反映了非印度語地區不願將印度語作爲通用語言來使用。它也是50年代後，政府注重高層次科技教育政策的結果。對於這些研究領域來說，最易得到的資料都是英語資料，而進口的書籍雜誌對這一層次的研究來說是很重要的（Altbach, 1985）。

有人認為，在殖民時期，英語是英國教育傳統和影響
得以形成的紐帶。這一論點對印度來說是站不住腳的。大
多數教育機構所使用的語言都是印度本土的語言，並且在
這種語言媒介地方化的同時，課程內容也是地方性的。要
素主義有關有價值知識的觀點在印度教育中得以生存的原
因，不僅僅是因為堅持使用英語。

課程控制和管理

　　在推行基礎教育方案和要求教育內容與科技發展相聯
繫的雙重壓力之下，是什麼原因使英國的要素主義課程在
印度教育中一直占主導地位？這一問題或許可以透過分析
影響課程的不同團體和組織的關係來找出答案。正如本書
前幾章那樣，官方的課程決策結構可能會受到不同的有影
響團體的真正權力的對抗。但另一個應考慮的因素是，印
度是一個受外國機構影響的國家，因此，先前討論過的依
賴問題，在研究印度問題時也可以進行考查。

課程決策的官方結構

　　印度是一個聯邦制國家。設在新德里的聯邦政府或中
央政府與二十一個邦的各邦政府分享權力。一些印度課程
變革的主要問題可以從中央和各邦之間的對立和分野的角
度來分析。

　　每個邦都有一個由民主投票選舉而組成的議會和一個
強大的科層體制，其中包括了邦教育廳。每個邦議會有權

決定各自的教育法，因此，到1980年，有十二個邦通過了義務基礎教育的立法，而其他邦卻沒有。75%的公立教育經費由邦政府提供。各邦有控制初等學校與中等學校課程的正規權力，這些權力透過其立法權和對財政資源的控制得以加強。

邦政府透過立法和行政管理決策決定小學和中學課程。各年級所學科目由邦教育廳決定。邦教科書代理處藉由自己編寫和發行教科書，或給書版商簽發許可證的方式，來決定應該使用的教科書類型——後一種方式較少使用（Altbach, 1985）。學校考試在名義上由邦考試委員會控制，但那些內部升級考試則常常是學校個體或者縣和市的事務。教師由邦教育廳聘任，因而其教學受到邦內官員的管理。

中央政府的影響十分有限。它只是在五年一次經濟計劃或特別報告，如1964年教育委員會報告（Kothari報告）之類的報告中提供總體建議性文件。這些文件常常與課程事務有關。除了中央政府為各邦提供資助的項目以外（主要是為了幫助貧窮地區趕上較富裕地區），這些建議在沒有得到邦政府積極支持的情況下是不可能實施的。

中央政府在有限的範圍內有一些特殊的權力。中央政府直接負責管理6所中心大學（印度共有132所中心大學）和一些其他高等教育機構，如5所科技研究所和其他對國家來說很重要的機構；並負責它們的財政撥款。其結果是，中央政府控制了大部分最有名望的高等教育機構，但是這些機構中的學生數只占所有高等教育學生中的極小部分。

中央政府對教育的其他方面有間接的影響。1956年，設立了大學撥款委員會以協調印度所有大學間的政策。這一委員會調整了聯邦對所有大學的撥款，儘管它對邦立大學的直接控制較少。在這一機構中，政府與大學利益之間權力劃分並不明確。

技術教育由全印度技術教育委員會協調，60%的資金來自中央撥款。還有一些國立委員會指導教育研究和培訓、科學教育和師範教育，並為它們提供模範方案。這些模範方案，包括模範教科書，常常為邦教育廳所效仿和採納。

中央政府還對9個由中央直轄、不享有完全自主權的邦的高等教育和學校考試發生影響。中央政府還管轄遍布全印度的300多所中心學校（Central Schools），這是中央對中小學教育的唯一的直接干預。

課程政治

就像其他國家一樣，為決定學校課程而進行鬥爭的主要團體包括：中央和地方教育廳和其他部門的政治家和行政管理人員、中小學教師及高等教育教師、消費者——學生及其家庭，以及雇主。在研究印度的情況時，要特別注意：中央政府是強烈要求課程改革的一派；大學教師是要素主義有關有價值知識觀的主要維護者。

中央和各邦的政治家都希望改革教育體系使之適應經濟發展。他們希望教育能增進民族認同感和地方認同感，並且希望藉由教育能夠擴大社會機會。

1947年後，中央政府制定了由中央規劃的自力更生的民族經濟發展策略。這體現在五年計劃中，該計劃從經濟發展目標和1947年開始進行的「人力發展規劃」進程的角度，提出教育的優先地位（Verma, 1985）。

　　政府的工作重點是發展高層次的科技教育和中等層次技術員的技術工的培訓。中央政府透過資助著名高等教育機構和側重與工業發展有關的專業的初中後機構（如工業培訓學校），施行這項工作。

　　中央政府的這些活動使科技類學科成為高等教育中最吃香的學科專業。在最高教育階段，先前人文學科的支配地位已經被科技類學科地位更高的觀點所取代。但是，中央政府的活動與邦政府活動相脫節（有時是因為中央政府沒有能力將其觀點影響到各邦），以及在著名中央高等教育機構入學的學生數目少這兩個原因，使教育在科學和經濟兩方面的側重點不能影響到大多數教育機構，甚至大多數高等教育機構。

　　邦層面上的政治家根據本邦政府的政策導向，以及地區和地方利益，既可以支持也可以反對中央政府的政策要求。邦層面上最有可能採取的態度是反對阻擾或者我行我素。邦政治家也會對民眾對更多教育機會的需求作出反應，但它們希望用最經濟的方式來提供這些教育。將教育與工業化聯繫起來的宏偉規劃對邦來說恐怕沒多大吸引力，尤其是那些沒能與高科技中心發展規劃沾上邊的邦。中央政府獨攬科技教育財政的情況，為邦政治家們提供了脫離這項活動的藉口。

邦層面上的教育管理人員（大部分教育學管理人員都在邦這一級層面上動作）不太熱衷於教育和課程的革新。行政管理的官僚主義化阻礙了低層管理人員，包括督學對變革的支持。下級服從上級和服從常規的傳統，具有非常保守的影響；而這些常規只有在很激進的領導出現時才能偶然被打破一下（Eisemon, 1984）。邦層面的政治家和官僚主義者不是教育現狀的意識形態方面的維護者。他們只是消極地維持行政管理傳統而已。

大學教師是學校課程中要素主義有關有價值知識的觀念的主要支持者。他們對人文科學所持的支持態度，與印度學者孤立於高等教育的國際性發展之外有關（Shils, 1969）。他們堅持那些很久以前在歐洲學者中占支配地位的觀點。還有人認為，許多學者支持源於英國的有關有價值知識觀的原因在於，它與大學及大學教師的社會地位是相聯繫的（Eisemon, 1984）。在這樣的情況下，一大批印度社會精英和政治精英都堅持尊重要素主義知識觀。但在教育體系中，大學教師是最積極的擁護者。

大學教師對中小學課程的影響透過好幾條途徑進行。最明顯的是：這些學者透過大學入學考試所施行的控制。由於許多教師的目的是幫助學生考上大學，於是這些考試所限定的範圍對較低層次教育的課程產生了影響。

大學學者對課程的控制還由於其他一些原因得到了鞏固。像其他國家一樣，中央政府總是號召他們為學校教育的組織提供建議。邦政府在課程事務上的軟弱，不僅反映了邦未能制定積極的政策，還反映了由於許多邦的私立中

學和大學學院所占比例很大，政府將權力自動交給了大學學者。

　　大學教師對課程持強有力影響的另一個原因，是中小學教師中未能形成一個課程方面的強有力集團與之抗衡。初等學校教師由於他們所受的待遇，不可能成為課程政治中的積極力量。中學教師被外部考試的主導地位所局限，並且也受到學生希望課程符合考試要求方面的壓力。並且正如其他國家那樣，中學教師常常贊同他們大學時代教師的課程取向。

　　印度的中學生和大學生以活躍著名。學生經常對考試的管理體制採取行動，其形式包括個人作弊和集體抗議等等。然而，這份活躍反而有助於現行課程內容的鞏固，因為即使對考試作一點點改動，也會招致學生的抗議。藉由考試成績衡量出來的教育成功所帶來的社會獎賞是如此之大，以致於參加考試的競爭者強烈反對考試的變化，或要考的課程內容的變化，因為它們可能會有損於他們的考試前程。

　　與其他有過殖民地經歷的第三世界國家相比，1947年後，外國對印度的影響只是邊際性的。1947年後教育體系中的大部分都已完全獨立於國外的幫助。在教育系統中，外來工作人員很少，出國進修的印度人只占印度人口的極小部分。

　　近年來，在中央管轄的高等教育機構中，外國的影響是最大的，這些機構中的教師和研究人員保持著國際性接觸。其中有些機構是與外國的一些機構——特別是大學、

政府和基金會合作建立的。其專業結構可能模仿進口模式，並使用外國的教科書。實際上，發展科技教育以實現工業化的政策，本身就意味著與高度工業化國家的教育機構之間的合作。

這些受國外影響的英才機構對於印度教育體系中的其他方面影響較小。1947年開始的大多數教育改革——包括印度語言的使用，許多中小學學科內容的地方化，基礎教育運動——在起源上和執行上都是印度化的。1947年後印度教育體系的規模和多樣化及其有關自力更生的詳細政策，使它不再有必要從國外借鑒。

另一方面，前殖民地時期的教育實際的殘餘影響還是得到了鞏固。它的主要表現是英國殖民政府的要素主義課程觀的支配地位。但這主要反映了代代相傳的價值，和教育體系中的某些團體出於自身利益而要求維持教育現狀的現象，而不是持續的依賴關係。

結　　論

印度教育為那些受過英國殖民統治的國家提供了經驗和教訓。它可以被作為榜樣來效仿，因為它針對經濟需要，建設了一小批優秀的有創造力的高等教育機構；它改革了課程內容以反映印度文化；它在教育中使用印度語言以強調地方文化，並藉由一種官方印度語來增進民族統一。最傑出的方面可能還在於它避免了對國外援助的依賴。除了最高層次的教育之外，印度教育是一種自給自足教育。

獨立後印度的教育發展中的不足之處是全民初等教育
體系（及全民成人教育）進展緩慢，至今尚未普及。中等
教育和大多數高等教育的課程被學術性學科壟斷，與大多
數學生的未來職業無關。在印度出現了基礎教育的思想，
但這一思想的實施程度卻極其有限。

　　不管怎麼說，在印度這個在教育上擺脫了國外影響、
教育自主程度相當高、許多人民擁護教育改革的國家中，
尚存有殖民統治時期的知識價值觀的現象表明，在其他國
家，殖民主義的課程哲學也不會簡單地因外部依賴的消除
而消失。

8 拉丁美洲課程——法國百科全書主義傳統，近期北美的影響和「民衆教育」

　　所有拉丁美洲國家在世界銀行的排名中都在中等收入國家之列。這些國家中沒有一個像非洲和亞洲的那些經濟收入很低的國家那樣赤貧，也沒有一個擠入工業國之列。經濟命脈主要依賴採礦業和出口農業，但也有不少工業地帶。人口主要爲城市人口，大多數國家有70％至85％的人口住在城鎮。在每個國家，大多數農村和城市窮人與那些享受歐洲和北美生活水準的職業中產階級的生活模式有天壤之別。整個拉丁美洲的現狀被描述爲「開發不足的」（under-development），其目標是向工業化國家水平「發展」。

　　拉丁美洲國家有著共同的文化和共同的歷史經歷。其人口包括西班牙人或葡萄牙人、當地印第安人，及兩種的混血兒後代，還有非洲奴隸的後裔（主要在巴西），二十世紀來自歐洲的移民（主要是意大利人）。除了巴西用葡萄牙語外，大部份國家通用西班牙語，而且，除秘魯和墨西哥（這兩個國家有少數人一直說印第安語），西班牙語是唯一的語言。這些國家大多是在十九世紀的前三個年代

擺脫西班牙或葡萄牙的統治，成為獨立的共和國。

　　各個拉丁美洲國家的教育體系在結構和主要教育哲學方面都大體一致。各國有關最需要怎麼樣的教育的爭論也差不多是一個模式。

　　教育方面的爭論圍繞三個主題：第一，有人認為必須建立能與歐洲和北美國家的發展水平相匹配的完整的民族國家。為實現這一目標，在十九世紀普遍採用了法國教育模式。雖然發展觀已由民族特性、行政效率和民主制度轉向與工業化及享用其物質成果相聯的經濟發展，但這一目標並未改變。

　　第二，有人認為教育必須面向大多數人民。在十九世紀，人們希望培養能力極強的現代人才來達到發展的目標。教育集中在英才教育部份。而二十世紀關注的焦點則是實現教育機會均等。這一目標召喚著一種適應全民教育的教育哲學。

　　第三個主題是，必須尊重普通人民的社區的自主發展。最近的「民眾教育」（popular education）方案側重地方選擇和地方特性，而不是按法國百科全書模式中央集權化和統一化。

什麼知識？

　　當前拉丁美洲有關有價值的知識的觀念主要有三種。十九世界早期伴隨法國各種制度的引進所採取的是百科全書主義觀念。而最近幾年中，由於以美國引進的課程理論，

特別是那些強調行爲目標的課程理論逐漸占主導地位，百科全書主義受到衝擊。還有民眾教育運動則強調那些有利於發展人民大眾間的社會聯結的那些知識。雖然百科全書主義依舊占主導地位，但已受到不同意識形態的兩種運動的威脅。

百科全書主義的知識觀是隨著十八世紀末、十九世紀初拉丁美洲國家獨立戰爭的勝利進入拉丁美洲國家的。新建立的共和國與前宗主國幾乎決裂了。西班牙和葡萄牙等宗主國在意識形態上的統治，隨著其社會和政治體系的統治的瓦解而瓦解了。教育主要由那些關注教化本地人民的傳教團體提供。這些傳教團體被驅逐後留下了幾個教育機構。當時，中等教育和高等教育還未發展起來。

革命共和國的領導們大規模地引進法國觀念。他們在流亡歐洲、策動解放戰爭時，深受法國革命思想和啓蒙思想的影響。這些新共和國的領導人是一批受過良好教育的職業中產階級，擔負著類似法國革命時雅各賓派那樣的使新的國家現代化的使命。新思想包括引入中央集權的專業國家管理系統以完成現代化發展規劃。教育體系的任務是訓練新的領導和管理人才。重點在於發展中等教育和高等教育。新的教育機構模仿法國類似機構建立。中等教育和高等教育內容和法國一樣由中央統治者制訂，並形成一種標準化的課程。

百科全書主義觀念被採納的原因，是因爲它看上去能夠爲訓練管理人員與專家提供最好的教育。還有一個趨勢是採納百科全書主義的形式——一種標準化的統一課程及

中央集權管理——而不是理性主義的指導原則。實用原則對那些以專業的中產階級為進步的代理人的國家有一定影響。因此，高等教育階段主要側重職業性學科，和法國一樣，職業教育是透過普通學術性教育進行的。但這種職業主義，即使在二十世紀晚期，也還局限於傳統地位很高的職業上，特別是醫藥類方面。

早在法國和其他歐洲國家發展全民基礎教育之前，拉丁美洲國家就建立了其教育體系。在拉丁美洲，並未出現過其他基礎教育方面的哲學。相反，基礎教育被當作不太重要的教育階段，僅僅為中等和高等這兩級重要教育階段作準備。

由於人們堅信最好的教育體制來自國外而不是產生於本國，因而渴望借鑒或抄襲國外的模式——二十世紀末又重蹈了這種趨向，對象國是美國。拉丁美洲國家的依賴主要源於國家的英才們，對先是歐洲後為北美等最文明或最發達國家的心理上的臣服。

1960年後，隨著美國勢力的日益滲透，行為主義衝擊了百科全書主義的主導地位。行為主義的主要代表人物如布盧姆提出的課程目標研究，要求對認知目標和情感目標進行分類，課程內容和教學方法的設計要針對這些目標的實現。1960年後拉丁美洲國家（或至少是那些在教育上與美國有密切聯繫的國家）的教育部所議定的課程指南都是根據行為目標制定的。先將總體的認知或社會目標進行分類，然而根據這些目標組織課程內容。教科書也根據這些計劃編撰，並根據這些目標進行每年或每週一次的評量。

這一廣泛運動的例子之一，是1965年智利引進的初等學校科學課程。科學課程的學程和教科書結構圍繞觀察、分類、測量和社交等方面的認知目標組織。爲發展這些方面的技能提供科學知識和科學實驗。情感目標則較遲發展，其教學材料側重如何在科學研究過程中發展出誠實、公正和合作的品質（King, 1986）。但必須指出，這種教育學所涉及的教科書、教學內容甚至爲評量學生設置的問題都是全國統一的。

課程規劃的行爲目標模式在某些方面與舊有課程實踐完全不同，但也不是與百科全書主義傳統完全相左。其不同之處在於：課程內容的分類基於社會目標和心理目標，而不是所敎學科的理性結構。在這一轉變中有美國實用主義的因素。但是在學校或班級教師層面上，並未將目標分類與學生小組的特定需要聯繫起來。每一課程的目標都由國家制定，相應的課程內容也在全國範圍內統一施行。與百科全書主義傳統一致的標準化和統一性沿襲了下來。有所改變的僅僅是以廣泛的社會和心理目標，取代了基於學科的智育目標。

而民眾教育運動，則是與百科全書主義傳統完全徹底地背道而馳的。其哲學的核心是拒斥從上層階級頒布的標準化知識。相反，有價值的知識是那些反思普通勞苦大眾的經歷和生活條件而得出的知識。教育學則追求在社區協同的條件下有著相似經歷的普通人民的深刻理解。

在民眾教育哲學和運動背後的動力是國家統治者和廣大農村和城市貧民區中居住的勞苦人民之間的鴻溝。拉丁

美洲國家採取過自上而下的改革策略。但這種策略未能奏效，因爲十九世紀和二十世紀在大多數拉丁美洲國家中，原先的議會政府都被社會保守派成反動獨裁者取代。

民衆教育運動並不像許多非洲或亞洲第三世界國家那樣，源於與異族文化模式對立的本地文化、宗敎或語言傳統。只有在秘魯，以及在很低程度上墨西哥的社會階級劃分傾向於與語言、文化和種族劃分一致——印第安血統和西班牙血統之間的劃分（van den Berghe, 1978）。

就整個拉丁美洲而言，除了高度歐化的阿根廷以外，民衆教育哲學建立在對廣大人民的貧困的認識基礎上，這些人民在語言（西班牙語或葡萄牙語）和宗敎上（天主敎）與精英階層一致，雖然一些國家有相當一部分的混血人口（歐洲人與印第安人或非洲人）與純歐洲血統的精英們有著更明顯的區別。

在十九世紀和二十世紀初，政府曾試圖透過敎育塡平人民大衆以及社會菁英之間的鴻溝。在1856至1861年間薩米恩托（Sarmiento）管理阿根廷敎育，後來成爲阿根廷總統，他爲尋求眞正的大衆敎育體系的模式而注意到了美國和賀拉斯曼（Horace Mann）。20年代和30年代巴西政府對杜威的大衆敎學課程思想很感興趣。但這些發展都是孤立的，幾乎在整個十九世紀和二十世紀的歷史中，各國政府都顯然忽視民衆敎育和社會的總體發展。

拉丁美洲民衆敎育運動在國際上最知名的代表人恐怕是弗萊雷（Paulo Freire）。但這場運動早在弗萊雷出現之前就開始了，並在實踐上影響了一大批拉丁美洲國家。

秘魯的馬利亞泰維 (Mariategui) 在1920年代提出的解放教育 (education for liberation) 計劃與弗萊雷60年代和70年代的思想很相似。當時在玻利維亞根據這一思想建立了學校,雖然其壽命不長 (Avalos, 1982)。弗萊雷是這一已有較深根基的運動的代言人。

弗萊雷強調,真正的教育是為了解放的教育。當勞苦人民懂得並能明確表達他們的社會和政治地位時,他們會試圖改變它 (Freire, 1972)。傳統教育 (基於百科全書原則) 被作為一種「金融」(banking) 觀念拒絕,這種觀念基於自上而下傳授的,於社會無益的或強迫性的知識體系之上。必須從貧苦人的體驗出發建立解放的教育學,而教育是幫助窮人表述這些體驗的過程。

當然,民眾教育思想不僅是這種只有少數人會採納的政治革命綱領。民眾教育的基點是使不同階級的人民共享感情和社會交往,因而其主要概念是:友誼、感情、付出和寬容。教育內容幾乎不重要了,因為教育中最重要的是社會交往和團結 (King, 1986)。拉丁美洲的民眾教育運動與天主教的普及與改革派有密切聯繫。在這種情況下,學校即教堂、教堂即學校。

在拉丁美洲大部分地區有形形色色的體現民眾教育運動的小規模私立的教育團體,有一些側重於小學兒童的教育,但大多數人和弗萊雷一樣,側重的是成人教育。在政府方面,如墨西哥在70年代,就試圖將民眾教育哲學納入政府成人教育規劃 (Posner, 1985)。但是這種官方的冒險並未能像政治革命家在其他情況下所做的那樣能控制住

民眾教育運動。

　　探討三種有關有價值知識的觀點──百科全書主義、行為主義和民眾主義──對拉丁美洲教育體系的影響及其相對力量的強弱，必須首先考察其教育結構和提供教育的型式。

為哪些學生？

　　拉丁美洲的教育供應有三個特點：第一，50年代和60年代初等教育得到了發展，所以大部分兒童都能受初等教育。但大多數國家入學率到1970年增長到年齡組兒童的75%至85%以後就基本停滯了。有相當一部分（在有些國家是大部分）兒童未完成初等教育。

　　第二，中等教育有所發展，大多數國家幾乎有占一半年齡組的成員受中等教育。中等教育的發展較為充分，使政府可以重新制定中等教育的目標，即從純粹為高等教育作準備轉向將從事中等或中下等職業的學生的教育。但其發展並未逾越一個關鍵的邊界，使大部份學生和家長不再將中等教育看作升學的台階。

　　第三，高等教育有了長足的發展，10%到20%多的相應年齡組的人都進入高等教育機構學習，大多數拉丁美洲國家這一方面的比例高於許多歐洲國家，包括英國。教育經費的大部份都用於高等教育，許多學生謀不到與其所受的高等教育相稱的傳統職業。

　　這些壓力使政府試圖採取適應地方地區需要的小學課

程策咯，從而使那些被忽視的小學輟學者回到教育體系中來。整個拉丁美洲的政府都努力使高中教育「多樣化」（diversified），以弱化大學與中學的聯結。他們還努力發展短期的高等教育形式，提供與傳統大學不同的教育。

所有以上的新政策，都衝擊著傳統上占主導地位的百科全書主義知識價值觀念。然而，在民眾需求和制度的保守性兩方面都存在著阻礙這些政策實施的桎梏。這些桎梏對大肆削弱百科全書主義影響起著阻撓作用。

初等教育

整個十九世紀和二十世紀，初等教育都可能是拉丁美洲國家政府最不重視的環節。雖然十九世紀和二十世紀初大部份國家都設立了義務教育法，但直到1960年代，才具備真正實行義務教育法的設施。雖然有一些試圖普及初等教育的努力，但由於教育體制傳統上的缺陷，這一目標很難達到。

大部份拉丁美洲國家在十九世紀的立法使提供初等教育成為中央政府的職責。而實踐上，這一職責主要由市或縣政府承擔，相反，中等教育和高等教育都由國家或省級政府提供。地方負責初等教育的設置及撥款的結果是，各地所提供初等教育的參差不齊，特別是在較貧窮的農村地區和不斷增加的城市貧民區中。

財政不足與教學品質低下並存。哥倫比亞、墨西哥和委內瑞拉1960年小學教師合格率不到50%，而巴西、智利和秘魯則不到70%（Gimeno, 1983）。即使合格小學教師

的待遇也很低。在大多數國家，小學教師的培訓由中等教育水平的教育機構提供，其生源多為考不上普通學術性中學的學生。

1962年，在智利的聖地牙哥召開聯合國組織的會議之後，拉丁美洲國家保證，到1970年普及小學教育。但是，從50年代已有50％入學率這樣的起點出發，到1980年，大多數國家的小學學齡兒童的入學率也只達到75％至80％左右。只有阿根廷和智利這兩個傳統上在拉丁美洲國家中教育本來就比較發達的國家，以及墨西哥、秘魯和古巴（在60年代發生了受廣泛支持的全民教育運動）基本上達到了普及水平。

到80年代，拉丁美洲初等教育的薄弱已不再是缺乏教育設施的問題。只有在邊緣農村地區，不能提供完全小學而只有三個年級或四個年級的學校。在所有主要國家，除巴西和哥倫比亞外，大部份小學教師都受過正規訓練，而大多數國家的這種正規訓練已達到高中水平（或短期大學水平）。初等教育的弱點主要是未能完成初等教育的輟學者多。到70年代中期，有30％至40％的小學生不能讀完小學，巴西和哥倫比亞的情況更糟，分別為70％和63％（Gimeno, 1983）。

有人認為小學教育浪費率高的原因之一是父母貧窮，無力供養孩子讀完小學，其二是課程的性質使許多人不想繼續學業。在大部份拉丁美洲國家，小學課程由國家教育部制定，甚至是在那些由地方政府負責提供小學教育的地方也是如此。課程內容是標準化的。其重點放在要求小學

生獲取傳統的學術性學科知識，以便能達到考入傳統中等學校學習所需的標準。不能達到一定學術標準的學生就必須留級，而這些留級生成為輟學的主要組成部份，他們主要來自較窮困和沒有社會背景的家庭。

傳統小學課程的弱點是與百科全書主義哲學的延襲有關。針對這些弱點曾提出過三種改革方案。第一種是規定師範教育必須力圖使教師們懂得窮苦學生的社會背景，如1971年巴西教育法。這種方式不涉及到課程內容，但它要求教師努力去發現和克服學生學習課程時會遇到的障礙。

第二種方案，一些政府試圖以允許地方社會根據地方文化來制訂課程內容的方式，使「民眾」教育運動制度化。實行這種方式的突出例子是秘魯1968年後的激進軍人政府。然而在政府最保守的那些國家，也有許多自發的民眾教育組織，它們不在政府管理之下，而常常以天主教堂作庇護。

第三種策略是70年代和80年代，秘魯改革的模式被許多政府或多或少地採納。1972年秘魯教育法將五年制小學改為6至15歲兒童開設的九年制「基礎教育」。改革的第二個方面是各樣課程都可有所不同，必須反映地方文化和經濟需要，並建立在家長和地方地區的意見的基礎上。

「基礎教育」方案被一些其他國家所仿效，如1980年委內瑞拉的教育法。它從一些國際性團體，如聯合國教科文組織那兒獲得了支持，並參照了30年代甘地的教育規劃（見第七章）。它強烈攻擊了課程的百科全書主義傳統，反對由中央決定統一的課程內容，並對高階段教育的要求

對小學教育起決定作用的現象作出了挑戰。

　　但是，正如同印度的發展狀況，基礎教育的實施遇到了很大的障礙。教育行政管理人員和教師不會輕易放棄標準化的和外部導向的百科全書主義課程觀，家長希望小學教育能使他們子女進入中等和高等教育機構學習，以便得到較高的社會報酬。大多數無社會背景的人們對政府持不信任態度，而傾向於那些經常與政府發生衝突的民眾教育運動。

中等教育

　　60年代前，中等教育主要由為學生升大學作準備的為期六年至七年的學術性學校組成。這些學校兼有在學術方面正式的選擇性及社會階層方面非正式的選擇性。中等教育課程以為獲取國立中學畢業會考（bachillerato）文憑的大學入學考試告終。

　　大多數拉丁美洲國家的學術性中學的課程內容，都由標準化的教學大綱和學科時間分配表組成，其學科有：西班牙語、數學、科學、古典文學、外語、歷史和公民課。在十九世紀，古典文學就像在法國那樣享有最高地位，但到二十世紀，也像法國那樣，數學和科學成為地位最高的學科，因為它們是升入地位很高的醫科大學及工程大學的階梯。非學術性學科，特別是形同虛設的體育，在普通中等教育中很不受重視。

　　隨著60年代初等教育的擴展，晉升中學的方式更為開放了。到了1970年，在大多數拉丁美洲國家都有85%以上

的小學畢業生升入中學（只有哥倫比亞例外，約爲53%）
（Gimeno, 1983）。並且，大多數國家的中學畢業會考成
爲一項校內評量，因此，會考合格有資格接受高等教育的
中學畢業生的比例也有所增加。

　　中等教育的發展使申請入大學的人數增加。政府的反
應是建立「多樣化」的高中教育。60年代，建立了與傳統
學術性分支同級別的技術分支和商業分支。其目的是將學
生的志向由傳統學術性大學轉向具有特殊技能的工作和技
術性的職業。

　　高中教育的職業和技術分支並未如願吸引那麼多的學
生。1983年，受職業教育的人數占中等教育總人數的比例，
除阿根廷（58%）和巴西（44%）外，拉丁美洲較大的國
家中，受商業高中和技術高中教育的學生數的比例，在5%
（委瑞內拉）和21%（哥倫比亞）之間。而這些學校有時
面臨著缺乏合格教師與合適設備的問題。他們不被學生選
擇的理由，常常是因爲他們不能提供與普通中學一樣的在
社會中發展的機會。在職業技術學校學習的學生更有可能
來自較低的社會階層背景，其留學率和輟學率也比普通中
學高。

　　拉丁美洲高中教育階段建立職業／技術分流的做法，
並不一定與百科全書主義知識觀相衝突。拉丁美洲60年代
的改革與法國建立職業高中來提供職業技術教育的做法很
相似（見第三章），可以從百科全書主義的實用性原則中
找到依據，這一原則認爲，理性和理論知識可以且必須應
用到實際職業中去。拉丁美洲高中階段的職業技術教育課

程與法國一樣，包括普通學術性學科和相應的職業教育。

　　拉丁美洲的職業技術教育所面向的職業，是那些對學生吸引力不大的、未充份發展起來的職業或報酬不高的職業，拉丁美洲的學生寧願進大學受教育以謀取醫學或工程方面的社會地位很高的職業，儘管對大多數人來說，受這類教育的希望並不大。

高等教育

　　拉丁美洲的百科全書主義傳統主要在大學中得到信奉和保護，並由大學逐級下放到整個教育體系之中。拉丁美洲的大學與1968年以前法國大學的組織形式相似。但拉丁美洲的大學在政治上和社會上的顯著地位是法國的大學所無法比擬的。

　　在大學裡，教學人員都是專業的，不僅因為他們為專門職業培養人才（雖然是醫藥、法學、工程或教學方面的古老專業），而且還因為許多教師只是在大學中兼職任教的相應領域的實際工作者。但是與60年代改革前的法國類似，學位的專業性名稱掩蓋了這些學程中相當多的普通學術性內容。事實上，工程學程中包括傳統數學、物理和化學的研修，就像拿法學學位要學政治學和經濟學一樣。

　　大學課程的專業性和許多兼職教員使大學的功能幾乎完全是在教學這方面。而對知識的創造和重新解釋似乎不被當成大學的主要功能。大學在學術研究方面的相對性的停滯，使整個教育體系在界定知識方面缺乏變化和創造性，並有繼續借鑒國外的傾向。

拉丁美洲的大學仍舊主要分爲一些傳統的職業性學院：醫學院、工學院、法學院、文學院等等。每個大學中的每個學院都有高度的自主權，學院院長享有僅次於校長的權力。

　　自從1919年阿根廷的學生和教師作出考多巴（Cordoba）宣言之後，拉丁美洲的大學就要求在與政府的關係方面，享有高度的自主權。並且，許多重要職位人員，包括大學校長和院長也都由教職員和學生選舉決定。大學帶有很強的政治色彩，其政見藉由學生和教師的運動，以及大學校長和院長等高層領導的參政渴望，而滲透到國家政治中去。

　　大學相對於國家的自主權及大學內教職工的自主權使大學改革很難成功。在職業性課程不斷增加的同時，傳統性課程依舊依存百科全書主義的課程而存在。大學的自主權還意味著政府很難控制大學生人數的急遽增長。在1970年，幾個大的拉丁美洲國家之中，大學生占相應年齡組人口的比例占4.8%　（哥倫比亞）到14%（阿根廷）。到了1982年，相應比例則爲10.1%（智利）到25.8%（阿根廷）（Unesco, 1985）。持中學生畢業證書者可以自由升大學，以及民眾的需求和大學反對政府控制等原因，使得大學生人數有了急遽的、難以控制的增長。

　　新的大學生所學課程與以往的大學生沒什麼兩樣。整個拉丁美洲，只有社會科學新領域的學生數（21%）比傳統的高地位專業工程（15.9%）和醫學（13.7%）略多。相反地，1976年人文學科的學生只占8.2%，法律專業的學生

也只占8.4％（Gimeno, 1983）。但是，大量的入學人口卻引發了很高的失敗率和浪費率，因此，在某些國家的有些大學中的一些學院，如工程學院中，只有5％的學生在學完五年後順利畢業。

政府的對策是試圖控制入學或增加新的高等教育機構。在成功地控制了入學的地方，如巴西，爲適應學業較差通常又較窮的學生的需要，出現了大量私立大學。在委瑞內拉等地，由於公立大學已經爆滿，富人就把他們的子女送入品質較高，也更爲昂貴的國內、外私立大學學習。新的高等教育機構模仿了歐洲的短期大學。在一些拉丁美洲國家已經建立了像多科技術學院和大學學院那樣開設二到三年專門職業教育學程的高等教育機構。但他們並未能成功地吸引那些寧願角逐入學競爭激烈的醫學和工程學等學位的學生。

在大學內建立了新的組織結構，如系和所。其目的是用比學院小一些的單位劃分以增強學術性教師的凝聚力，增強對學生的控制。還有一個趨勢是將大學教員以部分時間制兼職人員爲主，轉變爲以永久性全日制職員爲主。大學教師被送到國外去進修，而這些資歷將是晉升的資格。除上述變化外，還經常與其他國家特別是美國大學合作，以便使大學擁有更多的具有奉獻精神的教師，更密切的師生關係和更高的效率。

大學改革的失敗破壞了拉丁美洲國家對其他教育層次課程的改革企圖。大學依然開設百科全書主義的課程，提供爲傳統專業資格而設的標準化的普通學術性課程。學生

們考大學的目的，則是爲了謀取這些傳統專業的職位。中等和初等教育課程仍舊主要面向大學入學要求。

課程控制與管理

這裡要探討的主要的問題是，第一，在拉丁美洲，哪些團體和機構支持課程改革，特別是那些爲將教育與地方社區特性相聯結，或與國家經濟轉變相聯結而設計的課程改革？這些改革運動的支持力量有哪些？其成功的機率如何？

第二，哪些團體和機構固守百科全書主義課程的主導地位？到目前爲止，他們固守百科全書主義主導地位的力量和能力的基礎是什麼？正如本書所討論的其他地區的例證那樣，這一問題的癥結是教育官員、大學學者和中小學教師們對有價值的知識的頑固觀點。

在過去，拉丁美洲國家的這些問題是與中央集權問題相關的。國家中央政府的集權是使百科全書主義的課程觀得以保存的重要原因。70年代許多拉丁美洲國家分權的企圖使我們可以更全面地考察這一論斷。

但是課程也受在官方正式行政結構之外的那些團體和機構的影響。政治黨派、工業和經濟組織、大學、外援機構都應在考慮之列。就像前幾章那樣，分析課程控制可以從官方行政管理機構，和非官方的政治活動兩方面著手進行。

課程決策的官方結構

　　每個拉丁美洲國家傳統上都有一個中央集權政府和中央集權的教育行政系統。自從60年代以來，開始努力將決策權下放到省區，並且，在較低的程度上，下放到地方社區，這些努力的成功程度參差不等。

　　十九世紀早期拉丁美洲國家建成共和國後，就參照法國大革命的改革觀念和激進政府形式，建立了中央集權制政府。政府發起的所有領域的改革都來自中央。1917年墨西哥革命政府及40年代阿根廷庇隆（Peronist）政府等倡導的「社團主義者」（corporatist）運動，加強了由中央政府領導社會重建的思想觀念。這一點在其他運動中，如1968年秘魯的激進軍人政府所倡導的運動中反映出來。「社團主義者」思想體系強調中央政府的統一性，以及它在指導政府團體、商務組織和教會等地方主義的運動方面的主導地位（Stepan, 1978）。

　　教育上的中央集權包括兩個方面。第一，中央享有立法權。大多數大的拉丁美洲國家經歷過獨裁的歷史，主要是軍事獨裁，雖然間或存在議會政府或民主政府時期。在七個較大的國家中，哥倫比亞、墨西哥和委內瑞拉在1960年後開始享有民主選舉政府，而阿根廷、巴西、智利和秘魯則是自由選舉政府和軍事控制交替。

　　然而，在軍事獨裁和民主選舉兩種政府中，總統的權力都是很大的。主要的法令和教育改革大多由總統（有時是軍事獨裁者）而不是議會制定。即使是哥倫比亞、墨西哥和委內瑞拉的長期民主體制一開始也是由總統而不是議

會發起的。總統的權力以及總統政治魅力的重要性加強了決策方面的中央集權。

第二，中央集權的教育部留有殘餘影響。由於總統享有制定政策的特權，教育部長們很少參與主要政策的制訂。但是，在很少有國家總統——不管是選舉的或軍人獨裁的總統的任期超過五年的（委內瑞拉和墨西哥憲法規定總統不得連任），教育部的官員卻可以連任。這些官員傾向於在教育事務上維持消極而保守的態度。

傳統上由教育部決定有關教育設施和內容的一切事務。中小學和學院的選址、教師的聘任、有關課程的學科、教學大綱和教科書以及中小學教育的考試性質等，都由中央教育部管轄。

對這種完全的中央集權也有一些重要的變通。在巴西，已在相當長的一段時間前將中小學教育的控制權交給地方，哥倫比亞也是如此，只是程度稍低些。在這些聯邦體系中，總督和州地方教育部長或教育大臣負責中小學教育的設置和內容。這一分權至地方的做法到70年代被大多數拉丁美洲國家正式採納。然而，在大多數國家，地方總督和教育官員都服從中央有關教育內容的決定。傳統上地方更多決定教育資源的分配而不是課程事務。

一些教育改革——特別是70年代早期與建立初等教育學校有關的改革，及60年代中等教育分統的改革——給地方以課程內容方面的決策權。但是，由於高度中央集權的傳統，地方社區或學校校長不願行使這些權力（Hanson, 1986）。

在中央集權體系中最大的一個例外是大學。類似「國家大學委員會」之類的協調性機構是大學和政府間的中介機構。但這些機構主要關心經費和學生人數問題。一般來說，大學自由決定其課程。政府對高等教育內容和控制主要透過創立新的、不太獨立的，如委內瑞拉的「實驗」大學或多科技術學院之類的高等教育機構來實現。這些學院通常比老式大學提供更多的技術性學科。但它們所吸引的學生數遠遠比不上老式的「自主」大學。

政府透過創建資助留學的機構對高等教育內容和教育規劃者的態度產生間接的影響。例如，巴西的「CNpq基金會」或委內瑞拉的「阿亞庫喬（Ayacvcho）基金會」之類的機構影響很大，因為它們對教育者在國外機構能夠學習的學程類型有很強的影響。但是，這些獎學生機構的影響也因國外教育機構，及本國資助者的大學所遵循的政策而被調和了。

私立教育僅僅是部分地被政府控制。在大多數拉丁美洲國家，私立學校和私立大學必須獲得政府部門頒發的執照。但政府對他們的課程很少控制，除非是要參加國立考試的學校。私立學校所含蓋的範圍很廣，包括：政府無法有效控制的非正規「民眾」教育運動，為富家子弟服務的地位很高的私立大學，更多的是那些針對國立學校不能或不願滿足的那些需要而設立的低標準學校和大學。

然而，這些正規的行政結構掩蓋了那些對中小學和高等教育所採用的課程有更多影響力的非官方因素的影響。

課程政治

　　就像其他工業較不發達的國家一樣，在拉丁美洲國家，影響課程的主要團體包括政治家和政治團體；企業家和其他經濟團體；中央、地方和地區的教育官員；教師、家長和學生，以及國外援助機構——尤其在工業發展水平低的國家。

　　由於拉丁美洲公眾生活在許多方面的政治化，在拉丁美洲國家，政治對教育有相當大的影響。傳統上，教師和教育行政官員被聘任的原因，是他們與州總督或國家內閣大臣屬於同一政治黨派。政治任命的體系普遍盛行。政治變革，不管是總統選舉還是軍隊接管，都對教育官員，即使是職位很低的官員的任期有著一定程度的影響。

　　因此，在委內瑞拉，政府控制的「實驗」大學與傳統的「自主」大學的唯一區別在於，前者的高層職員（院長和校長）隨著總統選舉五年一換，而後者則是在通常與政府政見不同的候選人員中進行三年一次的大學內部選舉。

　　教育的政治化強化了課程保守主義和中央集權。教育官員轉換得很快。由於他們自己的職位都是由中央或地方的領導賜予，他們很少反對中央權威。個人任職期限不穩定的後果是標準化的沿襲及教育實踐的中央集權。

　　一些國家政治改革的確引起了課程改革。秘魯的1972年基礎教育法就是激進軍人政府的政治產物，1971年後智利的軍人政府採取了自由的市場經濟思想，大部份職業教

育移交給工業企業，而這些企業又將它們的課程作了改革以適應即時訓練的需要，或甚至將它們設成了生產性的企業（King, 1986）。1959年古巴卡斯特羅（Castro）掌權後透過政治行動掀起了重大的教育改革：將中小學和大學與東歐綜合技術的實踐及理論結合起來。

其他不太強大的政權未能進行如此重大的改革。公眾生活許多領域的政治化，意味著一個團體倡導的教育改革被由另一政治團體操縱的機構所反對。在委內瑞拉，1969年制定的有關高中教育分流的法案遭到了教師團體的反對，因爲這一法案支持基督民主黨派的保守工業家政治團體的利益，而並不反對基於教育理由分流的教師團體都擁護社會民主黨。同樣地，在1979年後，委瑞內拉基督民主政府執政時，煞是風光的智力部（Ministry of Intelli-gence），在1984年社會民主黨在總統大選之中獲得勝利後，降格爲教育部中一個只有兩名成員的模糊的部門（McLean, 1985）。

在這些情況下，國家和地方教育官員以及教師很少試圖對現有課程實踐提出挑戰，除非他們不在政府框架範圍內而是爲「民衆」教育運動工作。如果他們想作出改變，他們必須等待國家政權的改變，以便制定他們所贊許的政策。但是，由於這些政策在國家級層面上制定，它們很少觸及中央集權的傳統。除非中央政府中的政治家和官員想把他們所面臨的棘手的教育問題推給地方或地區。基礎教育政策可以看作中央政府將無法控制英才教育的入學機會問題推給地方政府的嘗試。

高等教育教師對教育政策通常有較多的影響。正如英國的情況，這並非由於大學控制中小學課程，因爲國家規定的大學入學資格，即中學學校畢業證書是自動升入許多高等教育機構的資歷，這種入學資格並不是由大學規定的。大學的自主權以及大學與國家政治之間的聯繫，使大學教師能夠提出自己的教育思想，並在他們贏得國家政權時推行這些思想。

　　相反，高等教育教師通常會反對不是由他們發起的課程變革。拒絕變革的原因往往是爲了他們所屬的某一政黨的權利，雖然其堂而皇之的理由是大學自主的觀念。政府常常擔心與大學（包括教師和學生）的衝突會導致嚴重政治後果。值得一提的是，智利政府1972年後發起了重大課程改革，因爲大學在政治上被鎮壓了。

　　中學教師，特別是大學畢業的教師，傾向於認同大學的利益，尤其是因爲大部份國立大學的教師是透過公開競爭任命的，而相當一部份候選人是中學教師。中學教師沒有什麼理由反對他們的大學同行們的知識觀。

　　相反，在大多數拉丁美洲國家小學教師都處於社會底層。收入低、工作條件差、受教育程度低（很少有超過中等教育水平）等原因阻礙了他們在課程事務上的創造性。而他們在課程事務上所提出的見解也不可能有多大份量。另一方面，小學教師能夠而且確實抵制了政府讓他們更努力地工作並使用更多技巧的企圖，比如，在推行基礎教育計劃的課程時的這些企圖。小學教師的低待遇使他們僅僅應付國家規定的教學大綱，而不做更多的事。就像其他國

家的情況那樣，拉丁美洲國家的家長和學生只考慮自己的切身利益，對導向傳統上高地位職業的傳統中等教育和高等教育的需求很大，而新的教育類型，如多樣化的高中和基礎教育機構則不受歡迎；這些情況鞏固了教育現狀。熱衷於推行激進教育改革的政治家最終都受到了這種大眾需求的束縛。

許多觀點認為，拉丁美洲教育受到外國實踐的影響很大，特別是1960年後受美國的影響更大。當然，隨著1961年為將美國的教育特別是高等教育引入拉丁美洲而建立了進步聯盟（Allianee for Progress）後，美國政府為拉丁美洲提供了許多教育援助（Gonzales, 1981），北美的基金會極大地提供了北美和南美之間的學術交流（Myers, 1984）。其結果從上文所述的北美課程實踐的傳播中可見一斑。

這些借鑒主要不是經濟依賴的後果。拉丁美洲的政治家們蓄意選擇北美的模式來解決國內的教育問題，有時是為了造成這些是發展的必然結果，不是政治選擇的結果的印象。他們在公開而明顯地使用美國課程目標的同時，也考慮到它與傳統標準化百科全書的社會經濟聯繫，並作了一些調整。對北美大學的內部組織形式的效仿，是為了解決大學入學人數遽增的問題，同時也避免引起更多國家政治問題的反對意見。依賴通常是國家統治者推行那些不受歡迎的改革的手段。在拉丁美洲仍有相信國外教育實踐是改革的最好模式的傾向。國家統治者常常利用這種信仰，將它們的政策披上外國的外衣以便為人所接受。

結論

　　在拉丁美洲，百科全書主義傳統是在特定的條件下被採納的。其後果與世界其他地區不同。由於這種百科全書主義傳統，拉丁美洲國家教育體系的方方面面與其他工業較不發達國家，特別是其中受英國影響的國家，差別很大。

　　拉丁美洲教育提供一種普遍主義（universalist）課程，特別是在中等教育和高等教育階段；這就避免了許多英國前殖民地國家課程的專門化和狹隘性。大學入學方式也沿襲歐洲大陸傳統。中等教育中的職業教育也比受英國影響的那些地區建設得完全。高等教育中入學人數最多，地位最高的學科不是人文學科，而是物理和生物科學（在工程學院和醫學院）。所有這些特徵都可歸因於百科全書主義有關有價值的知識觀的長期影響。

　　課程的中央集權和統一性也是與法國百科全書主義傳統一致的。但是由於拉丁美洲中央集權的觀念比法國更強、影響更大，它們得到了鞏固加強。百科全書課程不僅僅是十九世紀拉丁美洲的那些共和國建立時期的文化傳統的產物。它與拉丁美洲不允許地方選擇課程的嚴格的中央集權政治傳統也有一定聯繫。

　　拉丁美洲教育的百科全書主義傳統對社會分層的作用，也是拉丁美洲次大陸特定背景下的產物。拉丁美洲的窮人被拋棄在與政治中央集權有關的現代化進程之後。政府並未針對這種情況發起經濟革命，因此以理性的中央集

權政府為基礎的現代化，並未使社會中的大部份受益。由
於他們享受不到嚴格的中央集權的教育體制所賜贈的好
處。這些「邊緣人」們選擇了與政府對立的政策，並傾向
於選擇與政府教育對立的教育組織形式。

註：拉丁美洲是與中美和南美及加勒比海地區美洲國家相對
而言劃定的範圍，這些地區歷史上多是西班牙和葡萄牙（巴
西）的殖民地。本章所舉的例子主要源於拉丁美洲最大的8個
國家：阿根廷（1985年人口2700萬）、巴西（13500萬）、智
利（1200萬）、哥倫比亞（2900萬）、古巴（1000萬）、墨西
哥（8000萬）、秘魯（2000萬）和委內瑞拉（1200萬）。

9 和魂洋才

　　在短短的一百多年的時間裡，日本的教育體系至少經受了三次批判的反思。第一次反思的結果是，1868年明治維新後建立了新的教育體系，這一教育體系的基礎是法國的行政系統，英美的實用主義──這是透過當時剛出現的斯麥爾（S. Smile）的《自助》（*Self Help*）一書的影響而介紹進來，以及德國的黑格爾哲學（及其新形式──海德格哲學）。然而同時，教育體系的內部精神依然是日本精神，這在1890年頒布，直到二次大戰結束後的第二次教育改革前，始終作為教育倫理基礎的《教育敕語》（*Imperial Rescript*）中得到充分體現。敕語要求日本人民忠於國家和天皇、尊重憲法。它作為學校課程的重要組成部分，強調忠孝道德觀念。毫無疑問，在基於西方科技經濟的急遽發展的情況下，所有學校對《教育敕語》的頌讀及修身課（Shushin）有助於保持根深蒂固的日本傳統。

　　二戰後，占領總部麥克阿瑟將軍，根據美國教育使節團向日本教育部代表提出的非正式建議，來著手改革教育

以建立自由憲政，使日本民主化；其30年代極端軍國主義者所闡釋的敕語和修身課受到了美國人的反對。使節團認為，為民主生活而服務的教育必須落實到個人的價值和尊嚴上。它建議教學內容和方法必須鼓勵自由提問，教科書不能事先指定。教師必須享有根據不同環境中兒童的能力選擇教育內容的權力。它建議重新編制學校學科內容以便加強日本和其他國家的聯繫。必須去除家長、學生、教師觀念中的考試第一主義。最後，男女同校制學校必須積極尋求家庭、近鄰社區及其他社會機構的協作，以保證兒童個體的全面發展。其側重點是聯合國及聯合國教科文組織的有關文件中的基本原則。

學者們不贊同占領軍當局（SCAP）在日本教育改革中所扮演的角色，這一角色在1946年憲法和1947年實行的教育基本法中得到了最高體現。教育基本法規定，教育的中心目的是「教育必須以陶冶人格為目標，培養出和平國家和社會的建設者，愛好真理和正義、尊重個人的價值、注重勞動與責任、充滿獨立自主精神的身心健康的國民」。

不管占領軍當局是否促進了日本的原先教育發展趨勢，都不可否認，日本被占領期間的改革符合美國的、事實上是全世界的意見。教育作為一種基本人權的觀點在英國1944年教育法中有所闡述。法國的「新班級」（classes nouvelles）運動反映了相似的哲學。而許多美國的進步主義教育家希望教育「以兒童為中心」。在這第二次教育改革中，日本當局在不分種族和社會地位擴大教育機會方面

的進展是驚人的，這與那些試圖降低日本文部省（Monbu-sho）的權力，實行兒童中心的教育或過程課程模式，革除考試第一主義的那些人所遇到的困難形成了鮮明的對照。事實上，1984年8月組成、爲日本首相提供諮詢的臨時教育審議會的成員所提交的最後一次諮詢報告，就反映了二戰結束後馬上就出現的那些思想，該報告於1987年12月以英文發表。

在一系列報告中，文部省將與「爲使教育適應我國社會變遷文化發展而進行各項改革的基本方針」有關的主要議題從八個減少到三個。這三個議題是：重視個性化和課程的靈活性、使日本適應國際變化、向終身教育體系過渡。從日本所創下的「經濟奇蹟」看，中曾根政府認爲教育改革迫在眉睫的觀點似乎令人吃驚。一些時事評論員強調首相是希望回復到1945年前的傳統教育中去。另一些人反對這一觀點。很明顯，這一由來自各行業的二十多位成員組成的審議會所提交的報告中，就爲迎接二十一世紀的挑戰而建立大衆教育體系，而必須如何明確地行動的問題，不可能達成一致意見。事實上，在臨教審的報告中，關於經濟急遽發展、社會生活方式急遽變化，而教育未能充分適應這些變化而帶來的問題，既有保守的解決策略，也有激進的解決策略。不管如何，審議會的報告並未建議放棄1947年教育基本法中的原則，也未建議壓縮教育體系的規模。

誰該受教育？

　　占領軍當局的官員輕易地說服日本當局接受了教育是人的基本權利的觀念。新憲法（1946年）第26條規定「法律規定所有人民都有根據他們的能力接受平等教育的權利。義務教育必須免費。」義務教育年限很快從六年升為九年，中小學教育的學制六三三制。幼兒園增多，1949年許多中學後學校機構都升格為大學。從那時開始一直到到1985年，國立、私立和地方性大學總數增長到460所。初級學院在1950年臨時引進，到1964年成為一種正規的教育機構。

　　教育發展的結果是，在1985年，63.7%的5歲兒童上幼兒園——大部分幼兒園是私立的。幾乎所有適齡兒童（99.9%）在義務教育機構——小學和初中接受義務教育，1985年平均94.1%完成義務教育的學生升入高中，女生所占的百分比略高於男生。而適齡青年受高等教育的比率明顯升高，從1954年的10.1%（其中4.6%為女性）上升到1985年的37.6%（其中34.5%為女性）。

　　在這一全民教育體系中，私立學校、學院和大學扮演著重要角色。私立幼兒園的在園學生數達二百萬，占總在園學生數的72%。私立小學、初中和殘疾人特殊學校的在學人數很少，其中不到總數的1%的有小學（0.5%）和特殊學校（0.8%）。在私立初中念書的初中生占2.9%，有7%的技術學校畢業生升入私立機構（1984）。臨教審鼓勵私

立小學和初中的發展，以便使教育體系更爲多樣化。私立大學的在學人數達二百萬人，占大學生總數的73%，在460所大學中，有328所是私立大學。除了以上極端的現象，日本5427所高中有23%是私立的，28%的高中生在私立高中學習。幾乎90%的初級學院都是私立的。沒有這些私立教育機構，在這麼短的時間裡這麼快地發展教育規模幾乎是難以想像的。並且，私立學校和學院很顯然豐富了「教育、科學和文化部」領導下的教育體制。

公立與私立的學校，學院和大學之間的收費標準相差很大。1983年每位兒童在公立幼兒園上學的學費是每年87,298日元。私立幼兒園則達195,325日元。第二和第三級教育中也存在這種差距。公立的小學和初中教育是免學費的，但每位學生的學雜費（書費、文具費、交通費等）公立小學累計48,000日元，公立初中累計96,000日元。私立大學的學費不僅是國立大學的兩倍多，並且還收註冊費等額外費用。

儘管學費昂貴，但許多私立高中享有比公立高中高的聲望。在大多數情況下，每年有3000人申請參加只招收650名學生的私立高中入學考試。毋庸置疑，公共人均補助金降低了家長在私立教育方面的相對消費，從而增進了私立教育的普及。同樣，由於文部省將一部分國家財政撥給私立教育，一些私立學校和私立大學建起了優質美觀的新校舍，添置了比公立學校更先進的設備。教職工的工資也高於公立學校教師的工資。同時許多私立教育機構都有巨額銀行貸款，而一些學校的經營者擔心根據人口統計預測，

適齡教育人口會有顯著下降的情況，會導致財政上的不良後果。

　　儘管當前日本的教育體制比世界上任何國家都接近美國的全民教育體系，但它的競爭性特別強。其原因很明顯。學生的教育背景決定他們未來的職業、地位和權力——臨時教育審議會批評了這一現象，並提出評量個人的價值必須考慮個人素質，而不僅僅是教育背景。

　　競爭體現在升高中和大學要經過一系列選擇性很強的考試，大公司聘用新職員也要從明星大學畢業生中進行考試篩選。雇員一旦被大公司聘用，就按傳統終身受雇並按其服務年限和稱職程度提升。很顯然臨時教育審議會報告和其他評論認為目前的雇用制度，與以考試裁定的教育成就之間的密切聯繫是不合理的。審議會批評了考試制度，但在採取什麼措施方面意見不一致。一些人認為應設置全國統一的大學入學考試，而取代各私立大學自己設置的名目繁多的考試。另一些人認為不應進行全國統考，而應該讓各大學酌情設置本校的入學考試。美國式學術性向考試也在考慮之列。

　　其時，高中畢業生須參加五門視他們報考的專業而定的國立考試。為避免入學考試失敗，有的學生參加多達七個私立大學的入學考試，每次要做三份考卷。文科學生要考日語、英語、並做有關社會科學——日語或世界歷史的考卷。報考理科專業的學生則要考英語、數學和自然科學三門。東京的早稻田（Waseda）大學是日本歷史最俊逸的明星私立大學之一，1988年報考人數達34000人，而招生

數僅9000人。考生首先要通過國家統一考試，然後才有資格參加各大學的入學考試，其中東京大學是最有名的大學。在東京，國立大學必須與那些歷史悠久的私立大學，如早稻田大學和慶應（Keio）大學競爭。而在東京之外的地區，國立大學的聲望通常比那些新建的私立大學高，因而進國立大學的競爭更激烈。每個國立和私立大學都自己設置國家統一考試後的第二道考試。有時候這一階段的考試不超過兩門。

這種「考試地獄」——這是在許多文獻中都可以看到的說法——使日本出現了大量為準備考試而設立的各級各類填鴨式私塾（Juku）——據說包括為入最好的私立幼兒園的考試而設的學校。據報導，臨時教育審議會的成員曾受邀請商討將這類學校列入國家教育體系的合法部分的事宜。事實上不管它們是否合法，它們都不太可能消失，因為日本社會太注重學歷了。

什麼知識最有價值？

家長、學生、企業家和教師都會理所當然地認為：能使學生通過層層考試的那些知識在實踐中是最有價值的。當然，這些考試在決定大學入學考試的科目，包括日語、英語和數學等科目的重點方面，起重要作用。然而，課程理論並不認可這種學科劃分的合理性，關於這一問題存在著相對立的觀點。與1945年後日本當局輕易地接受了教育是人的基本權利的觀點，成鮮明對比的是，課程改革問題

一直處在爭論之中。戰前的教育體系毫無疑問借鑒過歐美教育，但這種借鑒是建立在牢固的傳統的基礎上的。忠君忠國悌孝是構成教學內容的精神的基本原則。如上所述，這些基本原則也體現在《教育敕語》、修身課，1937年討論的和軍國主義時期的《國體基本原則》（*Kokutai no Honqi*）中。

　　道德教育成為文部省與教師聯合會的激進成員間相互鬥爭的焦點。一開始教師聯合會的領導人受占領軍當局的支持，要求取消正規的道德課而代之以社會科目。而在韓國戰爭時期，由於政治氣候的變化，美國人改弦易轍，轉而支持文部省。從美軍占領日本開始，道德教育在課程中的地位問題一直受到激烈的論爭。甚至現在，在臨時教育審議會的報告中還建議加強道德教育，這表明，這場戰鬥直到現在還未決出勝負。

　　教師聯合會和左翼學者一貫支持美國人倡導的課程革新。文部省則千方百計地想顛覆被占領時期所作的課程變革，其措施包括在高中階段設置職業類學科，以及在所有教育階段中間「基礎」學科的回歸。這兩種觀點都在臨時教育審議會的最終報告中得以體現。

　　對課程爭論進行簡要歷史回顧，有助於理解臨時教育審議會所面臨的困境。例如1950年，文部省提出將「道德」（morals）作為獨立的課程來設置的議題。1951年日本政府設立了一個委員會以評價戰後美國式的教育改革。該委員會建議在高中階段設立部分職業高中，理由是產業界人士批判單軌制美國式教育未能滿足國家的人才需求。委員

會建議設立一種初中三年、高中兩年的五年一貫制的職業學校。學習的課程不應該是統一的，而應視其普通學校或職業學校的性質而定。另一項有顛覆傾向的建議是必須由國家制定教科書。

1988年臨時教育審議會報告又重申了這些觀點，它建議設立三年初中、三年高中的六年一貫制職業教育課程；並且文部省有權評估和選定權威性的教科書，而不一定制定教科書。

在50年代期間，文部省不顧日本教師聯合會的強烈反對，採納了部分以上建議。教師聯合會的領導人，尤其反對將「道德」教育重新作為一門獨立課程的做法。對它的抵制的激烈程度使文部省不得不推遲執行原計劃，並且到1955年建議將道德教育與社會科的學習結合起來。文部省設立的教育課程審議會則認為透過社會科來進行道德教育是無效的，並且藉由那些大多數屬於複雜社會中的瑣碎的「問題」的研究，既不能形成系統性的道德，也不能形成一致性的道德。因此，1958年，「道德課」重新成為學校課程中一門獨立的必修課。

其後，平家（M. Hiratsuka）教授以及他在九州（Kyushu）大學的同事對這場論爭作出了重要貢獻。他們設計並進行了一項有關日本、英國、法國和德國四個國家的道德教育的比較研究。此一受到三位歐洲學者幫助的研究小組的研究結論是：戰前的道德教育過於重視符合年齡、社會地位和性別的典型人物（exemplary persons）的行為方式，而忽視了道德原則對行為的指導作用。

毫無疑問，這項研究影響了1966年中央教育審議會有關建立一套新的道德禮儀的觀點，它強調理想的個人所具有的相應品德應該是：尊重生命、健康和安全、注重儀表、注重語言、財產、守時、維護自由和公正。將這一主題（道德）作為學校必修課，無疑是試圖將一些傳統日本美德，與當代西方國際的價值觀相融合。關於這一問題，1988年的臨教審報告說得不多，但它強調了日本教育「國際化」的需要。雖然報告提到了加強學校中的道德教育問題，但它並沒有深入探討使大部分日本人民，不僅是跨國商人和大使們，將自己視作世界公民的方法，而這是可以作為一個重要議題來把握的。

相反，臨時教育審議會的注意力集中到了那些在國外受教育的歸國日本兒童所面臨的困難方面。這些「歸國者」，對日語的駕馭能力遠不如從未離開過日本的那些兒童。在東京市郊一所公立小學就讀的一位智力較高的「歸國者」，承認她只認得500個漢字，而她的大多數未出過國的同學卻能讀寫1000個漢字。在這個叫作小日積（Oh-izumi）小學的學校中，每45名「歸國者」被編成一個小組進行獨立教學。他們中的許多人考不上與小學相銜接的普通初中。從整個教育體系考查，「歸國者」們都很難在競爭性入學考試中獲勝，因此臨時教育審議會建議專門為這些「歸國者」保留一些教育名額。

在1988年已經有一些關心這些孩子命運的學校試圖為不同年級的「歸國者」們設立單獨的考試。這樣，這種類型的學生就用不著達到日本大多數考生的高水平了。然

而，這些新政策的目的，僅僅是為了提高這些「歸國者」的學業成績，以便使他們趕上那些沒出過國的學生，重新加入到日本教育體系中來。除了幾個東京附近的學校，如文理（Bunri）高中以外，很少有學校注重開拓所有學生的國際視野。臨時教育審議會認為大學必須注重這方面的工作。學者、學生和教師間的國際交流受到積極鼓勵並有所發展。

這些問題都是歷時很久的問題，但有關課程的總體爭論是有週期性的。在有關「道德課」的論爭的高潮年代，由文部省發表了一系列對課程的修正。小學課程在1951年、1955年、1958年三次受到修正。到1961年，文部省的法令中又涉及到課程。這一年又頒布了新的小學課程要求小學採納。到1962年在初中頒行了新課程，日本歷史課和地理課重新成為小學和初中課程──這一點與美國人的建議是背道而馳的。

教師聯合會反對文部省的所有這些努力，因為它試圖放棄美國人所提倡的課程改革。但教師聯合會並未完全成功，因為文部省迎合了大部分教師和家長的根深蒂固的信念。況且，教師們已經習慣於接受文部省的命令，而最終的入學考試也強調對「基礎」知識的掌握。從自由度的角度看，對文部省的僵化的批評是很難站得住腳的，尤其是在高中階段，文部省是允許地方當局和學校，根據文部省的指導方針開設各種不同的課程的。

二十世紀下半葉的課程

　　雖然臨時教育審議會提出課程必須更富靈活性，更多地側重於兒童個體在他們的社會環境中的身心發展，但它並未提出使課程更能適應二十一世紀挑戰的具體建議。然而，很顯然，臨教審認為學校並不是唯一的教育機構；家庭、鄰里和社會在兒童個體的發展中都扮演著重要角色。這些觀點符合美國教育使節團的建議，受到許多日本教育家的支持。但是，從文部省或大學入學考試的限制來看，這些觀點是很難實施的。對所設置的課程進行進一步考察可以發現，雙方都有其理由。比如，一方面，學校總是在一系列國家法令中運行；另一方面公立學校可能不會完完全全地善用法令給予他們的靈活性。

　　比如，一學年有35個星期，每門課每年的學時是規定好的。幼兒園的學日至少是一年220天，每天至少上課4課時。在小學一個課時是45分鐘，初中和高中是50分鐘。小學一開始每週是25節課，隨著年級增長，慢慢增至29節。初中每週上30節課。

　　小學中日語、算術和體育所占時間的比例一年級是60%，到六年級即畢業班則減少到48%多一點。初中一年級課程中，日語、算術、科學、保健和體育課占46%多一點，社會科和道德教育占16.5%。初中三年級課程中，社會科和道德教育的比重減少，只占13%，而前一類課程則占50%。這些數字表明，與占領軍勢力非常強大的那時候相

比，獨立的日本存在著回歸基礎科目的傾向。那麼這些傾向是什麼？而那些認爲課程僵化、未能充分考慮到兒童的德、智、體、美各方面的需要的批評，在何種程度上已被證立了？

　　臨時教育審議會指出，學校充斥了暴力和欺凌，應該加強道德教育。作爲一門獨立的課，道德課在小學和初中每週都要上1學時。然而，至少在一些私立學校是很注重對學生的道德教育的，道德教育幾乎成了學校的校風。對道德教育的闡釋恐怕是日本特有的現象，這種闡釋體現在要求學生講禮貌、守時、整潔、遵守傳統禮節。在我們參觀的一所學校，要求學生定期清掃教室以培養集體責任感。在另一所學校，非常注重出勤率。缺席率爲零的個人和班級可獲得獎勵。還有一所學校非常注重將女生培養成未來的好母親。透過這些途徑和其他方法來強化學生的道德發展。「道德學院」是一所大學和高中的複合體，它在「道德學」（moralogy）的創始人廣池（C. Hiroike）的孫子的領導下，正在積極進行一項道德科學的國際性研究。從許多角度來看，這所學院都是獨一無二的，並藉由它的支持者在早期的「道德」教育爭論中扮演了重要角色。

　　正當教師聯合會主要關注他們的工資待遇的關頭，臨時教育審議會的終結報告遭到了聯合會領導人的激烈批評，認爲該報告是反動的，很有可能導致軍國主義的復活。雙方由來已久的夙怨並未消失。而其他課程問題，則是在美國和歐洲大陸的課程模式之間的折衷。在所有的教育階段，包括大學的普通教育階段，課程中都包括語言藝術、

社會科學和自然科學。這一寬泛的學科範圍模式反映了美國的課程理論。在小學和初中，則還有音樂、美術、體育和家政等基本上是歐洲百科全書式的課程。小學六年中，不同科目的學習時間是不同的，與此同時小學各年級學習的總學時也有所不同——從一年級的850學時到四、五、六年級的1015學時。在每個年級都根據文部省的全國指導方針設立日語、社會科、算術、科學、音樂、繪畫和手工、體育課和每週一課時道德課。五、六年級每週還有兩節家政課。在前三年，每週有一課時可用於由地方決定的特別活動，後三年這種活動的時間則增至每週兩節。與1956年有關日本教育的大討論中所商議的「典型小學的學時分配比例」相比，80年代的課程事實上比剛被美軍占領時要不靈活。1956年的情況是，將日語和數學，社會科和科學，音樂、繪畫和手工相合成寬泛的學科領域，每年的時間分配可以在15%到45%之間機動掌握。並且小學每個年級的年學時都是870學時。在1956年的課程中，道德教育也不算作獨立的課程。

從1956年起，初中課程中包含外語、職業研究、家政和「其他幾門」選修課，占年課程時間表的7至15%。到1986年，靈活程度有所減少，只有三門（一、二年級）或四門（三年級）為提高某專門性技巧而設立的選修課，在整個三年中，每週課時都只有二學時。三年級的四門選修課中，是從音樂、美術，保健和體育或工藝和家政課中挑選。初中的每個年級都設有三課時的外語課以及一課時「特別要求」的其他課程。與1950年中期教師、學校和地

方當局享有的自由度相比，可供機動選擇的範圍非常有限。

在這個時期，非常重視英語。英語是初中和高中的必修課和升入所有大學的必考課。可以說，除實行國家統一課程前的英格蘭和威爾斯以及美國的課程以外，日本的學校課程與其他工業化國家的課程沒什麼兩樣。

或許是大學入學考試的緣故吧，高中課程受到的爭議和批評最多。在這一教育階段，依然存在由個別學校和地方當局制定選拔標準的現象。文部省的指導方針允許根據學生的性別以及興趣設置不同的標準。美國式的「學分制」（credit）體現了相當高的自由度。學生每週學任何學科1學時以上（一學年35學時）就可以拿到1學分。因此35個為時50分鐘的學時，就組成1個學分。高中學生在三年中必須完成80個學分，或每年27個學分，方可畢業。這意味著每週27個學時。這些年來的爭論焦點是在80個學時的課程中，哪些應該必修，哪些應該選修。

1951年被占領時期，在「高中試行課程」中，高中修滿85個學分，其中38個是必修課學分。當教育改革重新提到議事日程上來的時候，課程也就隨之得以修正。1970年修訂的課程中，必修課學分降至47個。在1978年開始商議、1982年開始施行的新課程中，高中畢業所需的學分減少到80個。其中32個必須是必修課的學分。到1988年，該課程還在施行。文部省要求課程委員會考慮以下因素：(1)從高中入學人數不斷增加的角度來考慮教育內容；(2)要考慮在這種環境下如何調節小學、初中和高中三者的平衡；(3)考

慮如何能在加強基礎科目教學的同時，減輕學生的學術負擔。

1982年課程的思想基礎是：必須尊重學校個體的自主性，必須更靈活機動地執行文部省的指導方針。傳統上，文部省設立嚴格的課程要求，教師必須嚴格按指定的教科書進行教學。其結果是，所有學生所達到的平均學術水平可能高於世界上任何其他國家的學生。並且它也充分實現了教育機會均等。然而，臨時教育審議會報告指出：許多學生不能應付這麼苛刻的學術標準的要求，逃學者增多。臨時教育審議會第三次報告認為：義務教育階段應該提供共同的知識基礎，而高中課程則應該適應在地方條件下的學生的不同能力性向的需要，有益於學生個體未來的生活。以後審議會的終結報告重申了教育適應學生個體的能力與需要的觀點。事實上它支持了要求取消「填鴨式」教學，教育內容必須切實有效地為學生受高等教育和工作世界作好充分準備的觀點。

經文部省批准，普通學科和職業學科的範圍達134個學分，而語言藝術、社會科學和自然科學等為高中畢業而必修的學分只占30個學分，這樣，學校和地方當局都可以有效地實施部分半專業化高中課程。我們在1988年初參觀的幾個私立高中充分利用了這一自由，或在普通高中裡開設不同的學程，或在職業高中裡將30個學分以上用於專業化職業教育。

毫無疑問，大學入學考試對大多數高中所開設的課程有深遠的影響。對於想考大學的學生來說，大部分會學習

表9.1的學分課程表中的課程。

　　想考入大學理科的學生所選擇的選修課的典型模式是：科學Ｉ，4學分；科學Ⅱ，2學分；物理，4學分；化學，4學分；生物，4學分；地球科學，4學分。還有班級活動和其他附加學分計5學分，這樣，所有學分總計就達到了102個。也有學生選職業技術科目。這些學生也要修滿51個與普通科學生相同的普通知識方面的學分。其他關於專業教育方面的學分情況見表9.2。

　　其他主要的職業方面的課程是：商業、農業和園藝。商業類課程中，普通教育學科的學分是男生為57個，女生為61個，專門職業學科的學分是38至42個學分；農業學程中，普通教育學科為48個（男生）和52個（女生），農業類學科為46個（男生）和42個（女生）。大約一半的課程是普通課程，另一半是職業性課程。

　　應該說在我們1988年參觀的那些學校中，至少有兩所私立職業學校非常重視道德教育。九州太宰府（Dazaifu, Kyushu）的招收男生的竹紙（Chikushi）職業高中裡，禮貌、守時和不缺勤對於整個學校校內來說是很重要的，因為該校的校風就是要培養學生的合作精神和能力，而該校的這些訓練使它的大部分畢業生都能夠作為技師到豐田汽車公司工作。在一所教授商業技巧的高中女校（福岡南（Fukuoka Minami）女中），創建該校的校長的主要目的是將女孩子們培養成好母親。

　　也有根據大學入學學程的不同而開設不同學程的情況。八年前在東京一個新的富庶郊區設立的文理私立高

表 9.1　高中內為大學入學作準備的學習科目學分表

	一年級	二年級	三年級	
日語	5	5	5	15
社會學	7	8		15
數學	6	5	3	14
科學	6	5	3	14
保健與體育				
男生	5	5	3	13
女生	3	3	3	9
				共計 80 學分

表 9.2　高中內工業類職業性學科學分表

學科	學分（一年級、三年級）
工業實習	14
機械制圖	9
機械設計	7
工廠理論	6
工業測量自動化控制	2
機械運行、或工業管理方面的材料、或普通 　電學、或工業英語方面	2-7
	共計 43- 48 學分

中，開設三種有專業化傾向的學程。普通學程的學分時間
用於人文學科、不帶專業化傾向的社會科學和自然科學，
大部分學生選擇這種學程。選擇數學和科學學程的學生在
二年級和三年級要學習比普通學程更多的數學和科學課
程。選第三種學程——英語——的學生，修習比普通學生
更多的英語方面的課程。這個有1900名學生的學校的學術
性目標，是使它的學生考入明星大學。它希望將來能與一
些明星大學建立密切的聯繫，並希望其畢業生在大學畢業
取得高中教師資格後回母校任教。

毫無疑問，在當前教育體制側重教育機會均等，而不
重視在兒童個體的不同能力基礎上的多樣化的情況下，私
立學校為教育體制提供了多樣性。然而，也有證據表明，
公立學校也可能改革。在岐阜（Gifu）縣，有個小學在縣
長的倡導下配備了許多電腦設備。學校裡有許多軟體，學
生們在這些電腦的幫助下，興高采烈地積極地學習很多學
校課程。

在1986年2號臨時報告：《革新日本高中教育》中，日
本國家教育研究所提出要使高中課程多樣化。1982年的高
中教育課程給高中自己選擇課程的機會。同年，文部省在
地方教育委員會的幫助下，就新指導綱要的推行問題作了
全國性的調查。第一次調查結果表明，四分之一的公立高
中選修課學分在80個最低總學分中占25個學分。第二次調
查的結果是，利用了文部省的新指導綱要中所規定的自由
選擇權的中學達到42%。有證據表明，新教育課程促進了
多樣化。對兵庫（Hyogo）縣的兩次調查表明了普通科學

生選擇選修課的範圍非常廣。事實上大多數高中生選擇藝術、工藝、工業、商業、家政、衛生學和護理等職業性課程。語言類選修課包括德語、法語、西班牙語、漢語和朝鮮語。對兵庫縣的調查還表明，雖然大學入學考試科目——數學、日語、科學、英語和社會科——也為許多學生所選擇，但同時學生個人也根據興趣愛好選擇各種其他學科。

另有證據表明：近年來，出現另一種為適應學生個體的需要而採取的措施，將學生分為英語能力組和數學能力組。根據學生掌握學科內容的能力組織班級——這種班級是靈活可變的，並不應用於課程中的所有學科。

從1975年起，在東京和大阪等大城市附近的一些縣開始實行新的課程模式。文部省對這些革新給予了最大的支持。文部省的另一幫助形式是允許擴大高中規模。比如，在千葉（Chiba）縣，在同一校址開設了三種高中，並且進行聯合辦學，儘管各校有自己的設施。在崎玉（Saitama）縣，三所高中併成一所，學生數達3240人。它的規模使它有條件開設150門不同學科。為防止人際關係的疏遠，成立了六個學生輔導單位，每個單位有一名副校長，管轄540名學生。學校在開設普通科的同時，開設8個學習領域，其範圍包括人文學科、科學與數學、語言、藝術、科技、體育、家政和商業。

雖然這類學校僅被作為實驗性學校，但它也說明對文部省所作的那些批評，即，認為他們所制定的法令使學校不可能滿足學生的各種期望的批評，很難說是公平的。整

個義務教育階段的課程給教學內容的個別化留有的餘地很少——課程必須先滿足教育機會均等的要求：這是1945年後歐洲發起的改革運動的要求之一。在高中教育階段，文部省的指導綱要使學校和地方當局盡可能為學生提供選擇的餘地，甚至國立大學入學考試比起私立明星大學所設立的考試也寬鬆些。

然而，在大公司採取新的或其他的錄用政策之前，目前大學入學科目的重點是不太可能轉移的。目前對這些大公司來說，重要的是應聘考生從哪個大學畢業的，而不是他們在四年大學生活中學到了什麼。高中、大學和雇主在選擇過程中或許有必要更注重個性品質而不是考試成績。如果在一所著名私立大學中，學生為能獲取選修他們自己選的某一著名資深教授的講座的資格就必須先通過一場考試，那麼，「進大學難，出大學易」的現象就很難維持下去了。

臨時教育審議會指出，教育者們面臨的主要問題，是教育體制改革未能跟上經濟變革的步伐。這當然也指1945年後課程爭論在幾乎相同的問題上牽扯不清的現象。要求減弱文部省指定教育內容和教科書方面的權力的呼聲也一直時漲時落。

臨教審成員重述了許多贊同美國教育使節團的哪些人及其反對派的論點。臨教審報告的自相矛盾使爭論的雙方成員都有可能申明報告贊同他們的立場。同時，家長、教師、雇主甚至學生也顯得很滿意，因為考試還是作為有用的手段，這樣就杜絕了因親戚關係或人情債而引起的社會

上家族制泛濫的現象。日本經濟的成功使人很難相信，如果說教育在經濟發展過程中起了重要作用的話，根據歐洲大陸和美國模式選出來教育內容卻是不合理的。另一方面，1945年後在美國的強大壓力下，日本課程變革的緩慢速度證實了教師在抵制改革方面的能力，並且也證明，在教育內容改動很大時他們不情願作出改變，也缺乏改革所需的心理轉變能力。在日本教育未能充分反映動態社會中經濟生活的變化方面，教師，包括大學教師，可能比文部省官員要負更多的責任。

10 自覺的轉變——中國

由於十九世紀期間，美國、歐洲、日本世界列強在中國爭奪勢力範圍的鬥爭，中國從未被某一國家占領，也未淪為殖民地。在此期間，中國官員一直對「洋鬼子」抱有敵意，並拒絕授予洋人代表以外交權。這種對待外國人的傳統方式源於中國人對本國悠久文化遺產的自豪感。由於歐洲政府認識到中國科舉選士制的價值，並效仿科舉制將考試制度用於選拔公務員，中國人更可以感到自豪了。中國人有權為他們的教育制度和尊師重教的傳統而感到自豪。中國人的文化自豪感以及對教育價值的信念從未改變過。

另一方面，中國一直願意向其他國家學習。1949年共產黨掌權前，法國、英國、德國、美國和日本都曾有助於中國的學校體制和高等教育體制的形成。例如，清末大臣們試圖參考西方理論和實踐，建立日本式現代教育體系的奏折，幾乎完全被採納了。

美國的影響相當大但為時不長。在二十世紀上半葉，杜威、孟祿（P. Monre）和帕科斯特（H. Parkhurst）

等美國教育家訪問了中國。1922年立法規定了六三三制美國式教育體系並降低了課程的學術性。為使課程多樣化，允許採用學分制，並將職業性學科列入課程。在大學教育水平，實用主義引起了許多中國哲學家的興趣，並開設了與傳統學科相去甚遠的專業。1927年8月後國民黨統治時期，崇尚歐洲式的更為集權化的教育體制，美國的影響開始減弱。

根據中華人民共和國教育部規劃局公布的《中國教育成就》（*Achievement of Education in China*），共產黨政府面臨的是非常落後的教育狀況。約80%的人口是文盲，學齡兒童的入學率只有20%。即使到1983年，中國還有2億3千萬文盲。學前教育和殘疾兒童教育尤為落後。農村地區和少數民族居住的落後地區學校很少。高等教育機構和中專（高職）大多在城市裡。極少數受過教育的人統治著大部分人為不識字農民的半封建半殖民地國家。掃盲、擴充教育、使教育分布更為平等這三個目標，是共產黨的主要任務。

在中國，掃盲是一項很艱巨的任務。即使要達到能簡單閱讀的水平，需要記住的詞彙要必須達上千個（權威人士宣稱必須識字1800個）。在這樣一個大多數農村人口使用許多種不同語言的國家，只用一種書面語言作為國內的交流工具。在蘇聯，根據法律，家長有權決定選擇眾多母語中的一種語言來學習。中國學者的自豪感可能是除政治原因外，拒絕採用西洋字母書寫的另一原因。除了非漢族語言的偏遠少數民族地區外，目前一種叫作普通話的統一

語言正代替北京官話成為教學媒介。另一方面，中國政府不需要應付許多殖民地國家所面臨的本地語言與另一種國際性外語，如西班牙語或法語或英語之間的競爭而產生的困境。在深受蘇聯影響之外，俄語成為最流行的外語。為進一步引進現代科學知識，許多俄國的科技文獻都被翻譯成了中文。自從毛澤東去世後，英語成為與外界和現代科學界交流的媒介。

　　課程的現代化受到了中國根深蒂固的文人傳統的束縛。1949年前教育內容侷限於強調三綱五常的四書五經。基於儒家思想，讀書做官是許多讀書人受教育的出發點，他們要在鄉試、縣試、省試、殿試中受到層層選拔。在殿試中中進士的，有望被封為高官。直到1905年科舉制度廢除之前，科舉一直決定著中國的教育內容。此後，科舉的殘餘影響加大了課程改革的難度。實際上，1949年後課程方面的爭端從根本上說，是那些堅信儒家思想的價值和學術水準的教師和學者，與那些試圖施行從蘇聯引進的馬列主義理論和實踐的人之間的衝突。而實用地接受西方科學知識和技術觀的情況表明，以上爭端已經得到解決。

誰該受教育？

　　1949年起，爭論的焦點實際上轉向了學校體系的組織結構方面，這方面的爭論有時相當激烈。教育體制應該是分流和選擇性的還是統一的？由於在蘇聯馬列主義教條充斥教育論壇，而中國當時正駁斥赫魯曉夫是「披著馬列主

義外衣」的修正主義，但依然走馬列主義的道路，因此，中國對該問題的解決基於毛澤東的言論。在他的「紅皮書」中，他不斷引用馬列的話來證明他的建議。事實上，在中國重建教育的第一階段，中國與世界其他國家的接觸限於社會主義國家，尤其是蘇聯。上千名大學生被送往蘇聯和東歐學習。同時，有600多名這些國家的學生被送到中國受教育。

　　1949年，毛澤東宣布要與國際友人建立聯繫。中國開始邀請蘇聯專家到北京的中國教育部工作，但被請的蘇聯專家中只有10%是教育專家。在1960年中蘇關係惡化之前，許多中國代表團訪問了蘇聯。中國領導人有意識地自願地從蘇聯的經驗中學習。除了許多俄語書被翻譯成中文之外，很難看出當時兩國在蘇維埃實踐方面的公開合作對中國的教育體制產生多少巨大的影響。與此矛盾的是，在1966至1976年文化革命期間的政策，倒是比50年代的政策更接近了蘇聯所採取的政治原則。

　　然而，很明顯，1949年後，中國政府在發展教育方面是全力以赴的。它組建了高等教育，改革了教學，為工農子弟設立了中學，發展了成人教育，並設立了學生助學金。但一開始，教育是在20年代建立的十二年制學制框架——六年小學、三年初中、三年高中、四年大學中發展起來的。然而，在這美國式結構中，又對學校類型和課程作了中國式的分流。文革前，「重點」中學有別於其他中學，這種政策使一些中學的大多數畢業生都可升入明星大學。

　　新政府的首要任務之一是，重建和重新開放在抗日戰

爭和內戰期間被摧毀的許多學校。所有學校和教育機構都歸公，並從外國人手裡接管了他們開辦的學校。1949年到1952年期間，政府制定了消除城鄉差別和工農差別的政策。高等教育有所發展，但理工科大學與文科大學及綜合大學分開。其結果是，二級和三級教育還是分流的，並未有別於中國傳統或蘇聯實際。

1953至1958年期間，在蘇聯顧問的影響下，注重教育品質，特別是城市第三級教育水平的高水平的學術成果。這一政策與蘇聯同出一轍，蘇聯非常注重維持大城市大學，如莫斯科大學的學術水準。

1957年，毛澤東發起了大躍進，鼓勵爲成人文盲開設大量半工半讀的學校。提倡開門辦學，建立了農業中學。重點還是放在城市中學：在「用兩條腿走路」的口號下（1955至1957年），高水平的城市中學由國家撥款，而農村中學則由地方公社出資和管理。

因此，1966年之前，教育在一種選擇性的雙軌制中發展。在城市地區，普通中學爲大學培養年輕人。另一軌，是在專門學校培養中級技術人員，如護士；爲培養工人而開設的技校則培養木匠或焊工等普通工人。1958至1960年間，可列入專業化中學類型的學校數多了兩倍。其中三分之二是中等技術學校。在這一分流的體系中，學校課程隨學校類型的不同而相異。

相反，1962年後及文化大革命期間，專業化中學減少，並且，中蘇關係破裂後，中國領導人根據馬列主義而不是蘇聯的實踐來制定政策。1966年7月，學生分化成對立的小

組，全國有大部分學校被關閉。1968年學校重新開放，一種新的中等教育結構開始出現，其目的是消除雙軌制的不平等，消除城鄉差別。

小學是統一的五年制小學，城鄉學生受到完全一致的小學教育。中學之間的差別被取消。當局特別渴望消滅那些在經濟上和教學設施上得到重點扶持的「重點」中學。在文化大革命期間，這些學術選擇性很強的中學都被改造成設有初中部和高中部的普通中學。半工半讀學校和全日制學校之間的區別被取消。在農村地區，開設了大量正規和非正規的教育機構。取消了中學入學考試（以及大學入學考試）。中學裡不允許能力分組，不允許留級或跳級。

這些運動旨在消滅中產階級和智力超群者的優越感。入學政策則有利於那些有實踐經驗的工人和農民。許多人經工農兵「三結合」協會的批准入中學甚至大學學習。事實上，黨支部的推荐在學生升大學過程中起重要作用。取消了入學考試，要求入學者至少有兩年以上工作經驗，這使行政管理者再也不可能將學校劃等級。據不完全統計，中學學生數1965年為1440萬人，到1977年猛增6850萬人，這在當時情況下，是不足為奇的。

總之，在無產階級革命期間，共產黨內的有可能受到毛澤東思想的一小攝掌權分子，比以往任何時候都全力執行馬列主義的教育原則。這些人試圖採用不計籍貫、社會地位和學術成績錄取所有人的錄取制度來統一初等和中等教育。學術性學習與生產勞動緊密結合，並要求學生在入大學前在工廠或農村至少做過兩年。簡而言之，中國在文

革期間完全抄襲了1958年赫魯雪夫在蘇聯推行的改革政策。這些改革在蘇聯失敗了，在中國也同樣面臨失敗的命運。

到1975年，出現了大量的對這些政策的批評。人們批評學校教育的學術水準低下。在黃士奇的《中國教育成就——1949至1983年統計》中，強烈抨擊了文化大革命給教育造成的破壞。他指出，「十年動亂嚴重破壞了教育的發展，並使教育事業蒙受了巨大損失」。正常教學在一些地方只維持四年。學校關閉。教師遭受了痛苦，許多學校被占領。「不僅整個年輕一代成為動亂的犧牲品，各級各類學校的教師品質也嚴重下降」。其後果，引用黃先生的話來說，是國家「苦於各行各業的合格勞動者奇缺，專業人員年齡結構不合理的問題」。

共產黨內也存在著鬥爭。毛澤東死後，粉碎了「四人幫」，在華國鋒領導下的黨開始糾正以往的錯誤。1978年，60年代早期所商議的法規修正案得以發表，名為「小學、中學和高等學校暫行條例」。從此，逐漸建立了良好的教育秩序。1979年後，根據中共中央委員會的決議，教育在社會現代化進程中的地位得以提高。1982年12屆人大會議上通過了一系列教育政策，進一步強調了以上觀點。

這些政策包括：(1)加快高等教育發展步伐；(2)加強研究生教育；(3)改革不合理的中等教育結構。這些政策意味著對一種選擇性較強的教育體系的回歸，當然這一回歸是建立在1982年憲法規定的人人享有受教育的權利和義務的基礎上的。從中國的統計材料中，可以得知中國在「人人

受教育」方面的成就。

1983年，94%的學齡兒童入小學，但幾乎有20%的學生是超齡生。大部分兒童在農村小學就讀。小學畢業生中的67%升入初中，初中生中則有36%以上升入高中。只有33%的中學生是農村學生。女學生在小學生總數中占不到45%，在中學生總數中占40%（1983年）。

1976年後，許多中專（高職）學校、農業學校和技術學校重新開放並創建了一些新的這類學校。現在，「重點」高中的招生基礎是學生素質而不是家長的地位。1978年到1983年間，高等教育機構增加了207所，學生增加了14%。1985年，在中國政府的邀請下，在上海召開了一次聯合國教科文組織會議，討論「重點」大學的發展問題。

1985年五月，中共中央和國務院決定改革教育體系。這次改革將教育列為中國社會主義現代化的戰略重點：提出要逐步實施九年制義務教育，發展職業技術教育，改革高等教育管理體制。雖然仍舊有人批評「重點」高中的特權地位，但很明顯，出於現代化的利益考慮，統一學校結構已被放棄，並且取消課程差別的行動也被推延了。

中國政府實施「人人受教育」的政策的決心，在困難重重的環境下都不曾改變。這些困難包括：「女子無才便是德」的傳統觀念尚待克服；城鄉差異帶來許多問題；根深蒂固的儒家思想給現代化進程造成了相當大的束縛。還有，很明顯，它還面臨著在允許職業技術學校為工業現代化服務的同時，如何在統一學校中為每個人提供均等的教育機會的問題。

什麼知識最有價值？

　　正如西歐那樣，中國的爭論主要是有關招生制度及應開設的教育機構類型的爭論。中國課程管理也面臨著保留一些儒家思想的西方式革新，還是馬克思和蘇維埃教育家設定的知識觀的問題。文革期間兩者的衝突使知識分子遭到了厄運。許多知識分子被開除並被強迫從事體力勞動，如掃大街。工農兵政治委員會使教師無權管理學校和高等教育機構。在毛澤東去世後，才有一些老式的教師開始重新獲得從前中華帝國時期那樣的高地位和權力。

　　1860至1905年間，注重西方知識的那些實用主義的教師曾享有較高的權力。西方知識部分是從日本引進的，因爲日本明治維新後，實施西方式教育體系和應用現代科學知識的實現國家的現代化。1911年辛亥革命後，取消了學校課程中的一些中國傳統科目，重點放在道德教育、實科教育、軍事教育和美育等方面。和日本一樣，教育內容由中央決定，包括古典名著、歷史、地理、道德和科學——這一模式與當時歐洲學校沒什麼差別。1915年，中國與日本的關係趨於緊張，中國教育者開始向美國學習。

　　在這一階段，小學課程是百科全書式的——包括說話、閱讀、作文、書法、算術、保健、公民課、歷史、地理、自然、園藝、工藝、想像美術、音樂和體育。中等教育階段，爲大部分不準備上大學的學生開設職業性學科。新頒布的教科書注重兒童個體的發展，並考慮了程序教學

和道爾頓制（Dalton-plan）等試驗性的教學方法。在大學，試驗性地新開設了圖書館專業和很多其他專業性學科。

1927至1928年國民黨執政後，美國課程模式變得不太流行，但西方的影響並未消失。因美國學分制而導致的知識的零碎性遭到反對，人們重新強調紮實的學術性知識。課程主要被要考試的那些學科所壟斷，雖然高中課程包括中國文學、數學、物理、化學、生物、歷史、地理、外語、公民課。為那些學術上天份不足的學生開設的職業學校的課程則範疇較窄。

蘇聯顧問從列寧的觀點出發重申了百科全書式課程重要性。儘管國民黨統治時期，蔡元培的觀點是要將學術性事務與政黨對學生的政治控制明確區分開來，1949年中華人民共和國政府卻試圖使得課程政治化和綜合技術化。共產黨政府鼓勵學生運動，因為它對革命勝利作過貢獻。事實上，毛澤東認為對青年人的政治教育是不可或缺的，從小學開始，政治教育就成為一門獨立的核心課程。學校學毛澤東語錄，唱革命歌曲。這些活動和其他活動的目的是消除小資產階級傾向，提高社會主義覺悟或共產主義覺悟。

從課程角度看，政治覺悟和專業能力之間的關係集中體現在一句口號——「又紅又專」之中。這句口號是中國試圖以提高共產主義覺悟為目的的方式來解釋人類的發展過程的核心。雖然普萊斯（R. F. Price, 1977）曾提到將蘇聯的綜合技術理論與毛澤東的理論與實際相結合的觀點

混爲一談是錯誤的，並且在中國並沒有綜合技術教育的概念，但是馬克思、列寧、克魯斯卡婭和毛澤東的相似之處足以證明中國關於有價值知識的觀點是：有價值的知識必須是與社會主義社會的生產勞動相關的知識。理論與實踐必須緊密結合，教育必須貼近生活。

毛澤東提出「自然科學是人類征服自然、爭取自由的武器」（Mao's Thoughts, p.205）他認爲辯證唯物主義有兩個特徵。它基於對「階級」鬥爭的分析及理論對實踐的依賴（同上，p.266）只有「主觀思想符合客觀規律」，一個人的工作才會成功（同上）。

文化大革命期間，政府試圖在實踐中推行這一思想。這與教師們的傳統觀點是背道而馳的。大多數教師認爲有價值的知識是以抽象原理和普遍的假設本身的面目呈現的。他們不願意，也沒有足夠的經驗將他們的知識與工商業聯繫起來。很顯然，一些中國評論員也認爲這種做法是愚蠢的。1985年，一位教育部高級官員撰文批評在物理教學中只注重它在蒸汽機和其他機器中的應用，從而浪費了許多時間。從他的言論中可以看出，他很顯然強調科學原理的內在價值。而知識的綜合技術化在中國就像在蘇聯那樣受到人們的懷疑，並且，知其意的教師也爲數寥寥。

二十世紀80年代的課程

在中國，小學課程是全國統一的。而中學的教育內容則在很大程度上取決於學校的類型。統一中等教育的舉措

關係到課程改革問題，而在大多數國家都存在著長期以來被認可的課程模式。中國也同樣面臨這樣的困境。

文化大革命前後的課程體現了以上的特點。1966至1976年的材料我們未能找到，但從紅衛兵的言論中可以看出當時的觀點是必須消滅或減輕學校類型和課程的差別。而1985年的政策則強調，爲了實現現代化，必須對中等教育進行分化。

小學課程

1977年後，小學的目的是提高學生的科學文化水平，爲實現現代化目標服務。識字是最基本的要求，它是爲中等和高等教育機構輸送合格生源，和培養識字的勞動者的基礎。城市小學的主要目標是前者，農村小學的主要目標則是後者。課程是學術性的，雖然在理論上允許有地方性改動。大批家長見他們的子女考大學無望就讓孩子沒上完小學就輟學了。政府已經談到過爲農村學校制定不同的教學計劃，但這樣的話，小學生學業成績上的地方差異就會更大。

小學課程的重點是語文、數學和道德教育。1980年北京的小學年限從五年改爲六年，課程也有了變化。公民課取代了政治課，重新開設歷史課和地理課。課程是百科全書式的。表10.1 的教學計劃摘自黑後（R. Hayhoe）編的《當代中國教育》（*Contemporary Chinese Education*）一書中羅比利（Billie L. C. Lo）的一篇文章。

隨著年級的增高，總課時也有所增加。課外活動的時

表 10.1　1982 年全日制五年制小學教學計劃

學科	一年級	二年級	三年級	四年級	五年級	總教學	百分比
政治與道德教育	1	1	1	1	1	180	3.9 %
語文總計	11	12	11	9	9	1,872	40.3 %
其中：閱讀	10	11	8	6	6		
作文			2	2	2		
寫字	1	1	1	1	1		
數學	6	6	6	7	7	1,152	24.8 %
外語*				（3）	（3）	（216）	
自然			2	2	2	216	4.7 %
地理					2	72	1.6 %
歷史					2	72	1.6 %
體育	2	2	2	2	2	360	7.8 %
音樂	2	2	2	2	2	360	7.8 %
美術	2	2	2	1	1	288	6.2 %
勞動				1	1	72	1.6 %
每週課堂教學總時間	24	25	26	27	27	4,644	
課外活動							
自學	2	2	2	2	2		
科技和創造性活動	2	2	2	2	2		
體育活動	2	2	2	2	2		
班級活動和小隊活動	1	1	1	1	1		
每週總課時	31	32	33	34	34		

＊：外語課程只在有條件開設的學校開設。

資料來源：這一教學計劃是從 1982 年 1 月份的官方資料中翻譯過來的，在此，我要
　　　　感謝香港中文大學的勞文鳳先生和南加利福尼亞大學的羅森（S. Rosen）
　　　　教授，向我提供了這一材料。

間，包括自學、科學、體育和班級活動的時間不變。在一般學校大綱中，都重視體育、美術和音樂課。不同學校課程中外語課地位的不同反映了學校間的差異。集中體現在「重點」學校和非重點學校以及「重點」學校之間的這些差異，鑑於先前所宣稱的教育機會均等的原則，依然是個受爭議的話題。

中學課程

黑後編輯的《中國教育家論中國教育》（*Chinese Educators on Chinese Education*）一書中，錢景舫和黃開考寫道：「1966至1976年的文化大革命是一場災難，它摧毀了整個中等教育體系……大部分農業中學和職業中學或被關閉。中學教育品質嚴重下降」（p.88），作者繼續談到：「中等教育的絕對統一是『文化大革命』帶來的絕症」。1985年的教育改革目的之一在於發展職業中學和技術中學，並在普通中學中開設職業科。對這一改革尚有爭議，但作者認為應該在普通中學內強調職業教育，在普通中學中應加強體力勞動和技術類學程。普通中學應開設勞動技術方面的課程；高中應實行文理科分班；為發展現代科學技術，可以將國外的數學、物理、化學、生物和外語教科書作為參考書使用。

黑後編的《當代中國教育》中羅森（S. Rosen）提供的教學計劃，以及《中國教育成就──1949至1983年的統計》表明，重點中學最後兩年文理科課程有所不同（表10.2）；重點中學課程與普通中學及農業／職業中學課程也

表 10.2　六年制全日制重點中學教學計劃（廣州勞動人事廳，1982
年 1 月）

學程	初中			高中					總教學時間	
	一	二	三	一	二 A	B	三 A	B	A	B
政治	2	2	2	2	2	2	2	2	384	384
語文	6	6	6	5	7	4	8	4	1208	1000
數學	5	6	6	5	3	6	3	6	906	1086
外語	5	5	5	5	5	5	5	4	960	932
物理		2	3	4		4		5	292	560
化學			3	3	3	4		4	288	432
歷史	3	2		3			3		350	266
地理	3	2			2	2	3		328	234
生物	2	2			2			2	200	192
生理衛生			2						64	64
體育	2	2	2	2	2	2	2	2	384	384
音樂	1	1	1						100	100
美術	1	1	1						100	100
每週總課時	30	31	31	29	26	29	26	29	5554	5734
勞動訓練	二週			四週					576	

註：（1）二、三年級 A 類指高中文科，B 類指理科。
　　（2）在勞動訓練階段，初中每天勞動四節課，高中每天勞動六節課。

有所不同（表10.3）。重點中學每週的勞動訓練時間比其他
類型學校少。

　　從1976年開始，普通中學的學生數有所下降，專業學
校和職業學校的學生數有所上升。這些轉變表現在學習職
業類學程的學生數及比率的上升，這類學校不學地理和

表 10.3　各類高中教學計劃（廣州勞動人事廳，1982 年 1 月）

學程	重點中學 不分文理科的班級 一	二	三	重點中學 文理分科的班級 一	二A	二B	三A	三B	普通中學 一	二	職業和農業中學 一	二	三
政治	2	2	2	2	2	2	2	2	2	2	2	2	2
語文	5	4	4	5	7	4	8	4	4	4	5	4	4
數學	5	5	5	5	3	6	3	6	6	6	5	5	5
外語	5	5	4	5	5	5	5	4	3	3	2	2	2
物理	4	3	4	4		4		5	4	4	4	4	
化學	3	3	3	3	3	4		4	3	3	3	3	
歷史	3			3			3		2				
地理		2			2	2	3			2			
選修課		4	4										
職業性課程									6	6			
專業技術課程											8	8	16
勞動訓練		四週			四週				2	2	2	2	2
每週總課時	29	30	30	29	26	29	26	29	34	34	33	32	33

註：（1）二、三年級 A 類為文科班，B 類為理科班。

　　（2）勞動訓練階段重點中學每天勞動六節課；普通中學和職業中學則將勞動列入
　　　　日常課程表。

　　（3）職業學校的化學和物理課程是兩年制課本，程度較淺。

歷史。另一方面，必須指出的是在普通高中，每周也有6小時的時間上職業類課程。

　　儘管「重點」中學允許文理分科，但重點初中和重點高中的課程還是百科全書主義的——文理分科只在於側重點的不同。初中課程側重語文、數學、外語和自然科學。

其模式與歐洲大陸學校（及1988年教育法頒行後的英國學校）課程差別不大，只是多了勞動鍛鍊課。勞動鍛鍊作為課程中的一項獨立活動，不太會像綜合技術課程所要求的那樣，改變普通教育的性質。為使教育適應工業現代化的需要，文革期間提倡的取消普通教育和職業教育的界限，將每學科「綜合技術化」的做法被取消了。

在蘇聯和在中國都未能阻止教師對那些能輕易考上大學的「高材生」的特別重視。由於同樣的原因，實際上技術學校和職業學校課程是為培養專門職業人員而設計的。要使課程既為所有學生提供寬泛的普通教育，又將大部分學生教育成專門職業人員的需要是不太可能的。

高等教育

1947年後，中國高等教育機構從207所發展到1983年的805所（在學人數從154,612人上升到1,206,823人），這一發展過程並未能倖免於「兩條路線的鬥爭」的影響。根據1978年憲法，教育的責任是培養為發展社會主義和馬列主義毛澤東思想服務的「又紅又專」的人才，為黨培養骨幹。四個現代化在教育上的體現就是要培養科學家、技術專家和經濟管理人才。必須提高工人的科學技術水平，促進文化發展，加快經濟建設速度。

文革時期大學被破壞，文革後，高等教育的基礎政策轉變為加強國際科技交流，傳授最先進的科技知識。重新恢復大學入學考試。高等教育得到了發展並實行了多樣化。政府提出要改革課程和高教管理體制，引入新的高等

教育規劃的概念。但據一些中國評論員的報導，1985年中國做出改革教育的決議之時，高等教育尚待發展。

比如，普通大學中培養的高等專業人才遠遠多於專科學院培養的人才。其3比1的比例導致了人才結構的不合理，從而使一些高級技術人員從事低層次的工作。課程側重於理工科，輕文科和社會科學，導致1983年財經類專業的學生只占5.9％，政治和法律專業的只占1.5％。大部分學生學習基礎學科而不是應用學科。選擇重大工業專業的學生偏多，選擇輕工業專業的學生偏少。入學當務之急是擴大包括商業管理在內的社會科學的人數，增加新學科專業，開拓新領域。還有批評認為，教學方法注重死記硬背，未能培養學生有條不紊地處理實際問題的能力。學生缺乏獨立承擔有價值的研究，開拓新知識領域的能力。

官方統計只是部分地反映了以上問題。這些統計公布了每年各類高校的學生分布情況。如列舉了1949至1983年間，有12類主要高校——綜合性大學，工學院、農學院、商學院、醫學院、師範學院、語言學院、經濟學院、政治和法律學院、體育學院、藝術學院和其他大學。工科類專業學生數在1949年後發展穩定，1949年為26％，到1983年為34.3％。師範類學生在1949年為10.3％，到1983年為26％。學習醫學和藥學的學生在此期間下降了2％。學習政治科學的學生1947年為37,682人，到1983年下降到18,286人。學習人文學科的學生從1949年的10.2％下降到1983年的5.6％。在此期間農業專業的學生從8.4％下降到5.7％。

工程、師範、醫藥等專業未遭受多大損失。人文科學

專業的學生數總是少於醫藥專業的學生數，並且也不比自然科學專業的學生數多多少。簡而言之，中國高等教育除了隨政策波動這一特徵之外，另一特徵是重專門職業輕「純」學科。文化大革命時期的荒唐做法在毛澤東死後和四人幫粉碎之後，也被保守力量糾正了。

統計表明，工學院的學生數隨科技變化而改變。1959年，電子工程類專業的學生只占3.4％，到1983年猛增到18.8％。機械類專業的學業數1952年爲17.2％，1983年爲29％。而土木工程、建築、力學和交通等專業的學生則有所減少。

對任何高度工業化的國家來說，這些變化都不會是不尋常的，因它們反映了一種從傳統熱門工業向需要電子和機械工程專家的新型工業的轉變。當然，這些變化是否充分或者說高等教育的發展是否已經能適應現代化的需要問題，還尙待質疑。在10億多人口中，只有125萬大學生。與日本、美國、西歐和蘇聯相比，中國大學生人數占總人口數的千分比很小，這也是政府在國家現代化過程中所面臨的困難之一。

當然，根據中國教育部情報司司長黃士奇的說法，經濟發展所需的人文學科和社會科學專業的大學部學生嚴重短缺。他建議一批工科類學生學習管理課程。而在工科學生中，據我們所知的資料，也存在著嚴重失衡現象有待糾正。輕工業類專業的大學生太少。爲完善健康設施，需要更多的牙科醫生。基於高等教育學程的專業特徵，政府正面臨著調整專業結構及其學生數，以適應人才市場的需求的任務。

另一項任務是在中國高等教育體系中建立一體化的學位結構。50年代中期和60年代早期曾試圖按照許多國家的做法建立學位制度,但未成功。1979年,教育部長蔣南翔,重新開展這項工程。1980年2月制定了法規,1981年1月開始施行。法規規定,根據大學生所學學程,可以授予學士、碩士和博士學位。然而到1983年初,才授予了18個博士學位。

　　發展研究生教育是一項迫切的任務。目前,研究生教育遠遠跟不上高級專業人才需求。研究生專業結構也不理想。1983年,45%的碩士生學習工科、25%學習自然科學、10%學習醫學。要使學生的專業分配情況符合政府所認爲的經濟現代化的要求,還尙需較長的時間。

　　爲培養更多的合適的研究生,越來越多的學生被送到國外留學(1986),其中大部分人攻讀博士學位。1979年至1983年間,11,700多名學生出國,這一數字相當於1949到1978年間留學生的總數。1983年,9,000名學生留學美國,1393名留德,570名左右留法。很顯然,透過盡可能向國外學習更多的知識,中國人就可以向許多而不僅僅是一個工業化國家學習,進行課程革新。

　　設立「重點」大學的做法對敎學內容、敎學方法和敎育對象都有深遠的影響。恢復大學入學考試使學業成績取代社會地位成爲入學標準。在大多數歐洲國家,著名大學主要是那些歷史較長的普通人文大學。在中國也有這樣的大學。如上海的復旦大學和北京的北京大學都屬於這類「重點」大學。重點大學分布在全國各地,因此優秀學生

都能就近入重點大學。1987年11月，在中國政府邀請下，在上海召開了聯合國教科文組織國際性會議。會上討論了重點大學的未來問題；這些重點大學的建立，反映了中國對培養各類學科的高級合格人才的重視。過去，如上所述，爲了工業現代化的目標，過於重視科技。現在，重點則轉向扶植社會科學和文科。同時，那些理工科重點大學的存在，又表明了政府從現代化工業的人才需求角度來規劃高等教育內容的現實主義態度。

爲了實現現代化，中國還是急需發展高等教育。爲擴大高等教育機會，1979年教育部和郵電部聯合開辦了廣播電視大學。很快，有28個省也跟著開辦了廣播電視大學；從開辦到現在已有120萬學生。所開設的專業有中文、英語、物理、電子、基礎機械工程、經濟和管理科學。同時建立了自學考試專業。在大中城市建立了50多所短期（二年制專科）職業大學。其開設的專業與地方需求關係密切，如秘書、會計等等。這些大學的學生畢業後可完全分配。

與許多其他國家相比，中國在發展高等教育時不太注重將大學教育作爲基本人權並符合學生願望等問題。與日本相似，發展是伴隨著激烈競爭的發展。大學招生形式是國家統一的入學考試，非常嚴格。入學考試的目的是根據學生的學業成績，參考他們的意願將學生分配到各大學和專業。然而，入學考試制度因其只注重考試結果，而不注重平時成績而受到了批評。批評者認爲，它鼓勵學生死記硬背課本，阻礙了學生的創造性思維、解決問題及獨立判

斷能力的發展。入學競爭,特別是入「重點」大學的競爭,嚴重束縛了中學課程,使它重新完全爲考試所左右。這種影響主要波及「重點」中學,重點中學的職能一是培養合格工人,二是爲高等學校輸送生源,而現在,它僅僅爲後一個職能服務。批評者們已意識到選擇性很高的制度是不民主的。但他們的批評對中國傳統並未造成什麼威脅,並且,這些批評是符合現代化的要求的。

中國教育家們面臨的困境比比皆是。比如,將社會需求和學生自己的意願相結合是很困難的。嚴格地說,即使是日本和美國的全民教育體系也未能解決這一困境。要處理好爲人人提供教育和選擇優秀學生之間的關係也是個難題。傳統教育體制使教育與訓練區分開來。課程的設計目的是在著名大學培養少數優秀學生,在專科學院培訓大部分的學生。在試圖使所有學生在統一學校和統一高等教育機構中受教育的情況下,真正的課程問題就產生了。課程就必須同時滿足兩種需要,一是爲工業發展訓練年青人,二是爲下一級教育輸送生源。

1949年後,中國的教育政策的轉變,反映了中國在試圖實行統一教育體制方面的失敗。統一中學和綜合性大學制度的失敗,是重新採取分流的體制和有差異的課程的原因。特種類型的教育機構都有其特殊的課程。多年來,意識形態上的爭論也影響了專業學科和科學的發展。

目前的政策還是維護選拔制度和高等學校的不同類型。中國教育家們所關心的問題之一,是保護人文學科領域,發展社會科學領域以便與強大的工科類學科抗衡。

同時，很顯然，中國急於向其他國家學習。蘇聯不再是他們學習的榜樣。看起來他們會很實用主義地將他們認爲有助於本國經濟發展的任何東西都編入他們的課程。中國人民不可能放棄其悠久的歷史、古老的文明和光榮的教育傳統。恢復學者們的舊有地位的做法毫無疑問會加大課程改革和敎學方法改革的難度。選擇性考試不可能取消。而考試制度事實上意味著中學敎育內容肯定被考試要求所左右。中國是敎師權力的一個經典例證，因爲中國敎師會頂著即使是特別堅決的政治家的壓力，在誰該受敎育以及什麼知識最有價值的問題上作出自己的抉擇。

各國課程比較研究　　比較教育叢書 3

著　　　者☞Brian Holmes & Martin McLean
譯　　　者☞張文軍
出　版　者☞揚智文化事業股份有限公司
發　行　人☞葉忠賢
總　編　輯☞孟　樊
登　記　證☞局版北市業字第 1117 號
地　　　址☞台北市新生南路三段 88 號 5 樓之 6
電　　　話☞(02)23660309　23660313
傳　　　真☞(02)23660310
法律顧問☞北辰著作權事務所　蕭雄淋律師
定　　　價☞新台幣 300 元
印　　　刷☞偉勵彩色印刷股份有限公司
初版一刷☞1999 年 2 月
ＩＳＢＮ☞957-8637-69-1
E-mail ☞ufx0309@ms13.hinet.net

南區總經銷☞昱泓圖書有限公司
地　　　址☞嘉義市通化四街 45 號
電　　　話☞(05)231-1949　231-1572
傳　　　真☞(05)231-1002

國家圖書館出版品預行編目資料

各國課程比較研究/ Brian Holmes, Martin McLean;
　　　張文軍譯. -- 初版. -- 臺北市：
　　　揚智文化 , 1999[民 88]
　　　面；　公分. -- （比較教育叢書；3 ）
　譯自： The curriculum ： a comparative perspective
　　　ISBN 957-8637-69-1 （平裝）

　　1.課程－比較研究

　　521.7　　　　　　　　　　　　　　　87013347

揚智文化〈比較政府與政治〉

書 號	書　　　　　名	作　　者	譯者	定價	備註
A9101	英國政府與政治	胡康大		350	
A9102	俄羅斯政府與政治	葉自成		350	
A9103	美國政府與政治	唐士其		400	
A9104	東南亞政府與政治	張錫鎮		400	

揚智文化〈比較教育叢書〉

書 號	書　　　　　名	作　　者	譯者	定價	備註
A9201	比較教育理論與方法	楊深坑			未出版
A9202	知識形式與比較教育	楊深坑			未出版
A9203	各國課程比較研究	Brian Holmes & Martin McLean	張文軍	300	
A9204	金恩的比較教育理論與方法	吳姈娟		180	
A9205	關鍵年代的教育	中國教育學會主編		200	
A9206	教育研究與政策之國際比較	中華民國比較教育學會主編		380	

揚智文化〈POLIS 叢書〉

書 號	書　　　　　名	作　　者	譯者	定價	備註
A9301	憲法與公民教育	周繼祥		450	
A9302	中華民國的憲政發展	齊光裕		500	
A9303	國會改革方案之理論與實際	顏明聖 李炳南等編著		250	
A9304	政治理性的批判與重建	王賀白			

揚智文化〈揚智叢刊〉

書 號	書 名	作 者	譯者	定價	備註
A9001	德國文化史	杜美		350	
A9004	日本通史	依田憙家		450	
A9005	中國法律思想史新編	張國華編著		400	
A9007	西方哲學的發展軌跡	黃見德		300	
A9008	皮亞傑心理邏輯學	李其維		300	
A9009	西方文化之路	羅靜蘭等著		380	
A9010	獨裁政治學	孫哲		500	
A9014	大陸投資租稅規劃實務	張敏蕾		150	
A9015	大陸經濟法的理論與實務	陳豐明		500	
A9016	當代台灣新詩理論	孟樊		450	精裝本
A9017	西方經濟學基礎理論	邱俊榮校閱		800	精裝本
A9018	台灣當代文學理論	周慶華		250	
A9019	道與中國醫學	滕守堯		180	
A9020	道與中國文化	滕守堯		180	
A9021	道與中國藝術	滕守堯		180	
A9022	創意的兩岸關係	石之瑜		200	
A9023B	社會學說與政治理論—當代尖端思想之介紹(增訂版)	洪鎌德		200	
A9024	後現代教育	張文軍		200	
A9025	政治商品化理論	李培元		250	
A9026	馬克思社會學說之析評	洪鎌德		400	
A9027	歐洲合眾國—歐洲政治統合理想之實踐	王皓昱		250	
A9029	倫理政治論—一個民主時代之反思	許國賢		200	
A9030	兩岸關係概論	石之瑜		450	
A9031	自由主義、民族主義與國家認同	江宜樺		250	
A9032	從結構主義到解構主義	歐崇敬		200	
A9033	學校本位課程與教學創新	中華民國課程與教學學會主編		300	
A9034	終身全民教育的展望	中華民國比較教育學會主編		650